スクール
カウンセラーと
教師のための

「チーム学校」入門

HANDA Ichiro
半田一郎 編

日本評論社

はじめに

　本書は，スクールカウンセラー（SC）や教育相談担当の教員，心の教室相談員など，学校でのカウンセリングに携わる心理職や教師を主な対象として書かれています。また，公認心理師や臨床心理士，学校心理士，そしてそれらの資格取得を目指す人も対象に，多くの実践家が学校でカウンセリングを行うために役立つ内容を提供することを目的としています。

　SC が学校現場で活動するようになって，25 年が経過しました。SC という教員以外の専門職が学校で活動し始めたことは，学校教育にとって画期的な出来事だったといえます。その後，多職種連携による「チーム学校」が提唱されるようになり，学校教育は時代に合わせて大きく変化してきました。

　学校ではチームでの実践が求められていますが，カウンセリングは一対一の面接が基本であり，学校教育とカウンセリングには大きな方向性の違いがあります。この方向性の違いをどのように乗り越えていくかということが，学校におけるカウンセリングの課題となっています。

　従来，SC は個別のカウンセリングを基本とし，個々のケースの状況

や必要性に応じて連携を行うことが求められてきました。その場合，連携は個別面接の後に必要になるものでした。一方，多職種連携に基づくチーム学校が推進されている現在の学校では，まず連携があり，その後にカウンセリングが行われると考えられます。つまり，従来からのカウンセリングとチーム学校でのカウンセリングは，カウンセリングと連携との関係が正反対となっているのです。このように，現在のスクールカウンセリングでは，チーム学校を前提として，連携に基づいたカウンセリング活動によって子どもを支援していくことが求められています。

　この課題に応えるために，本書ではチーム学校を前提とした学校でのカウンセリングについて，さまざまな角度から論じています。第Ⅰ部では，SCの立場から，チーム学校でのカウンセリング活動について述べています。第Ⅱ部は，6名の実践家であり研究者でもある方々が，チーム学校の立場から，SCの役割や活動について述べています。

　第Ⅰ部と第Ⅱ部が異なった視点から書かれていることで，チーム学校におけるSCの活動を立体的に浮かび上がらせることができたのではないかと考えています。学校でカウンセリングに携わるさまざまな立場の方に，本書をお読みいただければ幸いです。

もくじ

「チーム学校」と
スクールカウンセラーの
役割

半田一郎

学校を歩いて
子どもと出会う

スクールカウンセラーの広がり

　日本におけるスクールカウンセラー（以下 SC）は，平成 7（1995）年度から文部省の活用調査研究委託事業として始まった。初年度は，各県に数校程度，全国で 154 校に配置された。学校現場にカウンセラーを導入するということで，SC の存在は「黒船」ともたとえられるなどさまざまな反応があったが，初年度の SC の活動は一定の評価が得られ，次年度以降，配置される学校の数は増加していった。

　文部科学省の資料によれば，平成 30（2018）年度には，2 万 7500 校の公立小中学校に配置を SC を拡充する予算が計上されている。公立の小中学校数は 2 万 9012 校であり，その約 95％に配置できる予算である。実際，平成 30 年度には，小学校の 78.6％，中学校の 98.2％，高等学校の 88.6％に SC が配置されている。(1) この結果は，SC の配置に関して「週 4 時間以上」「週 4 時間未満」「不定期配置」という区分で集計されており，SC の配置がさまざまな態様であることがうかがえる。

以上のように，SC は 20 年以上の歴史を経て，現在では大半の学校に配置されるという広がりをみせている。こういった経過のなかで，2015 年に「チームとしての学校の在り方と今後の改善方策について[(2)]」が発表された。いわゆる「チーム学校」のなかで，SC も，学校職員の一員として連携・協働しながら子どもの支援にあたっていくことが求められるようになった。

　従来は，個別カウンセリングがあり，その必要性に応じて連携を行うということが SC の活動スタイルであった。今後は，チーム学校としての連携や協働が前提となり，そのなかで SC が活動していくことになる。本書では，SC がチーム学校の一員として学校のなかで機能していくことについて，活動の実際を踏まえて考えていきたい。

公立小学校でのスクールカウンセラーの活動

　SC は，相談室に常駐していて，悩んでいる子どもたちと（深刻な）相談をしていると捉えられている傾向があるように思う。実際は，児童生徒との相談活動だけではなく，保護者との相談，教職員とのコンサルテーション，教室での心理教育的なプログラムの実施，教職員への研修など，さまざまな活動を行っている。しかし，実際の活動の姿は学校の外からはみえにくい。そこで，筆者の公立中学校や小学校での SC としての 23 年の経験から，小学校を例にとり活動の実際を概観したい。

　A 小学校では，SC は 9 時から 17 時の 7 時間勤務（休憩 1 時間）で，隔週（月 2 回）の勤務であった。専用の相談室があり，職員室にも SC の机が用意されている。職員室の管理職が並んで座っている机の前に各種の日誌を置く台があり，そこに SC の日誌や予約簿も置かれている。SC

が出勤して，まず最初にその予約簿を確認する。SC の前回の勤務から今回の勤務までの間に，各学級担任などが，空き時間に自由に予約を書き込んでよいというルールで運営されている。放課後の予定には，担任の名前と「〇〇（児童名）について」などの形で，コンサルテーションの予約が書き入れてあることが多い。また，保護者との面接相談は，授業と授業にまたがるように設定されている。授業と同じ開始時刻に設定すると，休み時間の児童の移動と重なり，来談者が目立ってしまうことがあるため，それを避けられるようにしている。

　SC は，予約を確認してから，相談室を開け，簡単な掃除と空気の入れ替えを行う。その後，できるだけ早い時間に，校内巡視を行うようにしている。子どもの様子をみることも目的の1つだが，子どもに SC の存在を感じてもらうことも目的である。短時間であっても，可能な限りすべての教室に足を運ぶようにしている。また，保護者面談が入っている場合や，担任教諭とのコンサルテーションが設定されている場合には，事前に当該児童の行動観察を行うことを自分なりの手順としている。

　午前中の早めの時間に，管理職との情報交換を行うこともある。その日の SC の面接や活動の概要を伝え，学校全体の状況を聞く時間をもつようにしている。その場合，SC から学校長に声をかけて，校長室で話すことが多い。

　SC の活動を調整し，学級担任などとつなぐ役割を果たすコーディネーター担当の教諭もいるが，実際上あまり情報交換や連携は行われていない。コーディネーター担当教諭は，授業に入っているために，SCと顔を合わせる時間を設定できないことが多いからである。

　保護者との面談後には，放課後，担任との情報交換の時間をもつようにする。来談した保護者に了解をとって，面談の概要を担任に伝える。それに応じて，担任からは教室での子どもの様子が話される。保護者のニーズに基づき，教室での児童へのかかわり方について，SC から担任

にお願いをすることもある。

教室へ出入りすること

筆者はいくつかの学校で比較的自由に授業中の教室に出入りさせていただいている。授業中の子どもたちの行動観察を行ったり，子どもたちにかかわったりすることも，SCにとって重要な活動であると考えている。

一般に授業中の教室に出入りすることは，SCにとってハードルが高い。授業は授業担当教諭によって，教員としての専門性をもとに行われている活動である。授業の部外者であるSCが自由に出入りできる性質のものではない。

しかし一方では，子どもたちが直面している問題状況は授業中の教室のなかで生じていることが大半である。面接室のなかで子どもの来談を待って支援するのでは，心理の専門職として学校にいる意味が乏しいのではないかとも感じる。授業中の教室で子どもに接することには，現実のリアルな子どもを支援していくことにつながる重要な意味がある。

以上から，授業中の教室に出入りすることは，教員とSCの両者の専門性が教室という場所で重なり合うことだと捉えられる。つまり，SCが教室に出入りするためには，教員の専門性と心理職の専門性の両者が，教員にもSCにも理解され尊重されていることが大前提となる。

実際上，SCが教室へ出入りするためにはさまざまな課題がある。まず，学校長の理解と了解を得ることが第一歩である。そのうえで，授業担当の教諭から理解と了解を得る必要がある。授業担当教諭と担任教諭が異なる場合には，両者の理解と了解が必要になる。細かなことである

が，「授業を見させてください」とお願いするのではなく，「授業中の子どもの様子を見させてください」と話すことが大切である。授業という教員の専門性にかかわる活動を SC が行おうとしているのではなく，子どもの様子を観察するという SC の専門性に基づく活動であることを明確に伝える。

　教室に出入りするためには，授業担当教諭の邪魔にならないことがきわめて重要である。子どもが SC に何らかの反応を示したりしても，授業者に注目するようにジェスチャーで促したり，静かに聴くように身振りで伝えたりすることは基本であろう。また，グループ活動などの際に子どもから SC に質問が出てきたときには，「先生は，○○って言ってたね」などと，授業者を立てるようにする。授業の後には，教諭に感謝を伝えることも常識的なマナーであろう。

　実際上，何より大切なことは，子どもについての SC としての理解を授業担当教諭や学級担任に伝え，意味のあるフィードバックをすることである。

学校内を歩く

　上でも少し触れたが，教室や廊下など学校内で子どもの様子をみたり，子どもとかかわったりすることも SC の大切な仕事である。上記は小学校での活動であったが，学校内を歩くことの重要性は，小学校でも中学校でも同じである。

　空いた時間に，学校内を歩いてまわると，さまざまな場面に出会い，相談室とはまた違った形で子どもたちとのかかわりが生じる。そういった場面での活動は，心理臨床における構造の問題もはらむが，そのこと

はのちの章で触れるとして，まずは，学校内を歩くなかでどのようなことをSCとして体験してきたのかについて述べる。

　休み時間に職員室を出て廊下を歩き，教室のほうへ向かうと，すぐにたくさんの子どもたちとかかわることになる。用事があって職員室に向かっている子どもや，理科室などの特別教室から自分の教室へ戻っていく子どもたちが多い。そういった場合，多くの子どもが筆者に挨拶をしてくれる。筆者は，子どもから挨拶をされた場合に，挨拶をして返すことをいつものパターンとしている。心理臨床は相手からのかかわりに応えることが基本姿勢だからである。

　子どもがこちらに対して挨拶をしない場合でも，表情やジェスチャーで何らかのアクションを起こしてくることは多い。その場合は，基本的に表情で応えるようにしている。表情は，あまり他の子どもたちの目を引くこともなく，その子どもと筆者との一対一のやりとりとして収まっていきやすいからである。

　また，おおげさなポーズやアクションをとって，筆者にかかわってくる子どももいる。その場合は，表情に加えて「おー」とつぶやいたり，小さな声で「不思議なポーズだなぁ」などと感想を言葉にすることが多い。ほとんどの場合，そういったやりとりが1往復で，多くても2往復程度で自然と収束していく。

　以上のように，学校内を歩くと，ほんの少しの時間だがたくさんの子どもたちとのかかわりが生じてくる。その場に居合わせた子どもたちの目に触れることを通して，SCという存在について子どもたちが何らかの感触をつかんでくれることも，一種の広報活動である。水野は，援助ニーズのある中学生145名の分析の結果，SCの存在を知っている生徒，SCと会話経験のある生徒はSCの援助を肯定的に捉えていることを示唆している。廊下などでSCとかかわりをもつことは，SCへの相談につながっていくと考えられる。実際，いざというときの支援につながっ

てくるという実感もある。

　以上のように，廊下などの教室外の場面では，子どもからのかかわりに小さく応えていくことを筆者は基本としている。あくまでも主人公は子どもたちである。SCにできることは，子どもたちの邪魔をしないでその場に居続けることであろう。

　学校は，子どもたちの日常生活の場であり，一人ひとりの子どもにとってかけがえのない大切な場所である。SCはその場を部分的・一時的に共有させてもらっている存在にすぎない。だからこそ，小さく応えることが基本ではないだろうか。こういった場面での子どもへのかかわり方には，当然，正解というものはない。それぞれのSCの個性が現れる部分かもしれない。

いじめのような場面

　廊下や教室を歩いていると，子どもとのちょっとしたかかわりだけではなく，対応や判断に迷う場面にも出会うことになる。その1つが，子ども間のいじめのような場面である。

　たとえば，以下のような状況である。ある男子（A）が教室から小走りに廊下へ出てきて，それを別の生徒（B）が追いかけて出てきた。BがAに追いついて，Aを後ろから羽交い締めにしている。Aは，Bに向かって「やめろよー」と，周りに聞こえるぐらいの大きな声で言っているが，Bは，「何もやってないよー」と言いながら，羽交い締めを続けている。周りには，たまたま通りかかった子どもが数名いて，なりゆきを見ているが，とくに何もしていない。

　こういった場面は，2人がじゃれ合っているのか，いじめなのか，判

断に大変迷うところである。いじめなどの不適切な行動と決めつけて、やめさせるという対応が一般的かもしれない。筆者としては、カウンセラーらしいかかわりをもちたいという気持ちがある。当事者や周囲の子どもや教職員からみて、学校に心理職がいる意味が感じられる対応を行いたいものである。したがって、筆者は「やめなさい」などとこちらから指示・命令・禁止をするような働きかけはほとんど行わない。

　たとえば、以下のような働きかけをする。AにともBにともつかない言い方で、「羽交い絞めだなぁ、痛いのかもしれない」といったように、状況を描写して伝えてみる。この働きかけで、2人のどちらかから、筆者に向かって何らかの言葉が発せられることは多い。たとえば、Bが「こいつが勝手に〇〇したんです」と筆者に言ってくるわけである。筆者が「へー、そうなんだ」と応えると、Aが「先に、Bが〇〇してきたんですよ」などと会話がつながっていく。また、Aから「痛い、痛い！」と訴えが出てきたりする。筆者は「そうだね、痛いよね。なんか、お互い言い分があるんだね」などと応えていく。多くの場合、（羽交い絞めが緩んだりするのか）Aが抜け出して自分の言い分を筆者に訴え、Bもいきさつを語り始めるということが起きる。双方の言い分や訴えを聴きながら、感情を明確化していくような対話を続けていくことが多い。

　また、「羽交い絞めだなぁ」などと状況を描写した段階では、子どもから反応が生じないこともある。その場合には、「これは、悪意があるのかな？」「もしかして、やめさせたほうがいいの？」などと問いかけてみることにしている。こういった問いかけには、ほぼ必ず反応が得られる。その反応を手がかりにして、対話を試みることが常である。

　SCはカウンセラーであるので、やめさせるなどの実力行使によって行動を変えさせる働きかけではなく、話を聴き対話することにつなげていきたいという狙いがある。また、実際上は、無理にやめさせることはかなり難しいことも理由である。力ずくで無理やり引き離したりする場

合にも，単に子どもよりも大人のほうが腕力があるから引き離せるというわけではない。担任教諭などの教職員の場合，日常的に子どもとの上下関係（ある種の権力関係）が存在している。腕力だけではなく，その関係によって生じている力関係も，引き離すときに作用していて，子どもは不本意でも教職員の働きかけに従うわけである。SC の場合には，そういった子どもとの力関係は生じていないため，無理やりやめさせることは非常に難しい。また，もし引き離そうとしてできなかった場合には，SC よりも子どものほうが力が上であることを証明してしまうため，次からの子どもへの働きかけに困難が引き起こされる懸念もある。こういったことから，力ずくでの働きかけは行わず，言葉を使って働きかけ対話を試みることが，よいかかわり方だと考えられる。

　ところで，このようないじめとも遊びとも判別がつかないような状況では，教職員からは，「授業が始まるよ，早く教室へ入りなさい」との働きかけがなされているのをよく見かける。片方の子どもに被害感情が強い場合には，こういった働きかけは，その子どもの心理的ダメージをさらに深めてしまう危惧がある。その子どもにとっては，教職員が相手の行為をやめさせたのは，授業を優先させたからであって，自分を助けてくれたわけではないという受け止め方になると想像されるからである。自分は大切な存在ではないと捉え，つらい思いを深めてしまうかもしれない。行為そのものではなく，子どもたち自身の受け止め方や感じ方にかかわっていくことが重要である。

教室を抜け出している子ども

　また，学校内を歩いていると，教室を抜け出している子どもに出会う

ことも多い。廊下を行ったり来たりしながら歩いていたり，廊下でじっと窓の外を眺めていたりなど，さまざまである。

　こういった子どもとかかわることも，学校内を歩いているときのSCの仕事の1つである。こうした子どもには，「こんにちは」などとこちらから声をかける。その反応に合わせて，こちらからの次の声かけを工夫することになる。

　基本は，状況や今の体験を短く表現して，言葉として共有することを試みる。子どもが窓の外を見ている場合には，窓の外の状況や光景を短く言葉にするかもしれない。たとえば「外はなんか寒そうだね」などである。子どもが反応できる働きかけであることが重要である。子どもがそれに何らかの言葉で応えてくれる場合には，対話が続くようにそれに言葉を添えていく。少しやりとりが続くと，面白いことに，子どものほうから「（さっきまで）算数の授業やってた」などと，それまでのいきさつを語り始めることが多い。

　この子どもが語り始める瞬間は，本当に尊い瞬間ではないだろうか。子どもが，少しだけこちらを信頼してくれた瞬間であり，子どものなかに隠れていた生きる力がごくわずかに動き始めた瞬間である。こちらはそれに応えなくてはならないと強く感じる瞬間である。

　筆者は，教室を抜け出している子どもにかかわるときに，東山が紹介している「ひねくれ牛の訓練の名人」の話をよく思い出す。遊戯療法でのプレイセラピストの態度について解説したものである。

　まず，名人は連れてこられたひねくれ牛に一言二言声をかけただけで，泥田に放す。牛は，田んぼで好き放題に遊んでいて，名人はそれを3日も4日もただ見ている。そのうち，牛のほうが，名人のほうを気にし始める。そして「もーう十分に遊んだ」と牛が言うまさにその瞬間に，名人は立ち上がり，牛にすきをつける。すきをつけられた牛は暴れまわるが，名人はただそれについていく。そのうちに，牛が立ち止まり，名人

がにっこりして「まっすぐまっすぐ」と声をかける。そうすると，牛も
にっこりして，まっすぐにすき始める。

　たとえ話であるが，子どもとかかわるときの態度として大切なことが，
本質的に示されているように思う。子どもにかかわる際にも，まさにこ
の瞬間に働きかけるべきだという瞬間があるように感じる。やみくもに
望ましい行動を促すのではなく，子どもの様子を感じとりながら，まず
は待つこと，そして子どもの小さな動きに呼応して働きかけることが重
要である。

　この章では，面接室のなかでのカウンセリングではなく，廊下や教室
内での SC の活動を紹介した。学校という場で SC が行う子どもたちの
支援には，個別カウンセリングにとどまらない活動もあることを感じ
とっていただけたら幸いである。

第1章 文献

(1) 文部科学省「平成 30 年度学校保健統計調査」2019.（https://www.mext.
go.jp/b_menu/toukei/chousa05/hoken/kekka/k_detail/1411711.htm）

(2) 文部科学省中央教育審議会「チームとしての学校の在り方と今後の改善方
策について（答申）」2015.（http://www.mext.go.jp/b_menu/shingi/chukyo/chukyo0
/toushin/1365657.htm）

(3) 水野治久研究代表『中学生のカウンセラーに対する被援助志向性を高める
ための介入プログラムの開発　文部科学省科学研究費補助金研究成果報告
書』2012.

(4) 東山紘久『遊戯療法の世界——子どもの内的世界を読む』創元社，1982.

第2章

"生活の場"学校と
スクールカウンセリング

　前章では，SCが廊下や教室といった学校生活の場で子どもとかかわる場面を紹介した。相談室の一歩外には生々しい学校生活の現実があり，多くの大人と子どもがかかわり合いながらさまざまな活動に取り組んでいる。こういった学校という場は，いわゆるカウンセリング面接の場とは，かなり異なる性質をもっている。しかも，学校は子どものカウンセリングのために作られているわけではなく，子どもの教育を行う場として設定されている。SCが子どもを支援する際には，学校という場のもつ性質を理解し，それに合わせて活動していくことが大切になる。この章では，生活の場としての学校におけるSCの活動について論じていきたい。

学校という場とカウンセリングの場

　子どもにとって学校は，週に5日，朝から夕方まで8時間程度の時

間を過ごす日常生活の場である。子どもたちは学校で学習するだけではない。友だちや先生など多くの人々とかかわり合いをもったり，摂食や排せつといった生理現象を処理したりなど，幅広い活動やさまざまな行動を行っている。まさに，日常の場であり，生活の場なのである。

　一方，カウンセリングは，伝統的に専門機関やクリニックなどにおける面接室という場で行われてきた。面接室は日常生活とは切り離された非日常的な場として設定され，そこで週1回1時間といった時間を定め，カウンセラーとクライエントの一対一で，カウンセリングは行われてきたのである。

　このように，従来のカウンセリングが行われてきた場と学校という場にはかなりの違いがある。このことを踏まえ近藤は，SC の活動について，「カウンセラーが働く場と子どもの現実生活の場との間に存在していた一定の距離，それによって保証されていたカウンセラーの匿名性や中立性や非個人性，あるいはクライエントとカウンセラーが出会う面接室という場の虚構性が，喪われ，脅かされ，壊されるという重大な変化が生まれ，これに応じてわれわれ自身が拠って立つ根本的なスタンスの変換や見直しが迫られる」と指摘している。つまり，SC が学校現場で活動する際には，学校現場に適したスタイルで活動していくことが求められるのである。

　こういった学校教育とカウンセリングの違いに根ざす問題にどのように取り組んでいくかが，SC の活動の焦点となる。そして，「学校心理学が提供する学校教育における援助のモデルは（中略）学校臨床心理学の目指す変換後のモデルときわめて近い」とされるように，学校心理学の視点から SC の活動を捉えることが重要だといえる。

　学校心理学において，SC は専門的ヘルパーとして位置づけられ，心理教育的アセスメント，カウンセリング，教師・保護者へのコンサルテーション，学校組織へのコンサルテーション，研究などの心理教育的援助

サービスを担うことが期待されている[3]。つまり，子どもとのカウンセリングは，幅広いSCの活動のなかの1つでしかない。

　また，学校での心理教育的援助サービスは，子どものもつ援助ニーズの大きさに応じて3段階の援助サービスとして捉えられている。そして，SCはすべての児童生徒への一次的援助サービス，問題に直面し困難をもち始めた一部の子どもに対する二次的援助サービス，ニーズの大きい特定の児童生徒への三次的援助サービスまでのすべての段階において，専門的な援助を行うことになる。

　一次的援助サービスとは，すべての児童生徒がもつ援助ニーズに応えるものである。入学時の適応や学習スキル，対人関係スキルの習得への支援がこれに当たる。二次的援助サービスは，援助ニーズの大きい一部の子どもの問題状況に対して行われる予防的サービスである。登校しぶりや学習意欲の低下などへの支援がこれに該当する。三次的援助サービスとは，重大な援助ニーズをもつ特定の子どもへの援助サービスである。不登校，いじめ，非行などへの支援が該当する（第5章で詳述）。

　つまり，SCの活動は，特別に援助ニーズが大きい子どもを支援するだけではない。日常の些細なことで相談に訪れる子どもに対してカウンセリングを行うことも活動の1つであり，学校生活のなかで幅広く子どもへの援助サービスを提供していくことが求められる。

問題はどこで生じているのか？

　ところで，子どもたちが直面している問題はどこで生じているのだろうか？

　たとえば，学習上の問題は教室で生じている。また，友人関係のトラ

ブルやいじめの大半は教室や廊下という学校生活の場で生じている。昔の刑事ドラマを真似ると、「子どもの問題は面接室で起きているんじゃない。学校生活の場で起きているんだ」といえるのではないだろうか。

　一方，伝統的なスタイルのカウンセリングは，日常生活から切り離された非日常的な面接室で行われてきた。子どもたちの問題を伝統的なスタイルのカウンセリングで支援する場合には，子どもたちが面接室をわざわざ訪れ，自分自身のことや問題について，言葉や何らかの手段を用いて表現することが大前提となる。カウンセラーは，子どもの表現した問題を共有し，治療契約を結び，治療同盟などと呼ばれる協力関係を構築して，その問題にかかわっていくのである。

　ここで，学校で子どもを支援することを考えてみる。SC が面接室で子どもの自発的な来談を待っていたとしても，子どもが面接室を訪れるとは限らない。しかし，面接室の壁のすぐ向こう側では，今まさに子どもたちが問題に直面しているのである。もし，廊下や教室で子どもにかかわることができれば，問題があらためて表現されることを待つ必要はない。SC の目の前に問題がリアルに立ち現れているはずである。しかも，契約を結んだり，時間をかけて協力関係を築いたりする必要もない。問題が生じているまさにその場面に居合わせている者は，その同じ場面を共有している子どもにかかわりをもつことができる。そして，そのかかわりを通して支援を行うことができるのである。

　ところで，いじめの被害を受けた子どもたちは，「大人に見て見ぬふりをされた」と傷つきを深めてしまうことがある。その子どもの訴えに真摯に向き合うとしたら，その場に居合わせた大人は，問題に直面している子どもにその場でかかわらなければならないのではないだろうか？そして SC こそ，その場に積極的に居合わせる大人にならなくてはならないのではないだろうか。

心理的な支援の広がり

　ここまで，伝統的なカウンセリングと日常生活の場で支援する方法論とを対比的にみてきた。しかし，両者は片方がもう片方を否定してしまうという関係にはない。心理的な支援のあり方が，伝統的なスタイルのカウンセリングから，日常生活の場での支援へと少しずつ広がってきたというプロセスが生じているだけである。

　この点について近藤は，2つの軸を用いて整理を行っている（図2-1→P.28）。近藤は，一対一の面接によるカウンセリングに代表される伝統的な心理臨床を，外・社会体系（被援助者の身近な生活空間の外）に属する専門家による直接的援助であると位置づけている。これは図2-1の①の領域が該当する。そして心理臨床の動向として，外・社会体系における非専門家による援助や，内・社会体系（被援助者の身近な生活空間）における非専門家による援助への広がりが生じてきたと整理している。つまり，ボランティア的なかかわりによる援助（外・社会体系における非専門家による援助）や，保護者や教員のかかわりによる援助（内・社会体系における非専門家による援助）へと広がりをみせたということである。これは，①の領域から②・③の領域への拡大である。なお，②や③の領域での援助においては，専門家はコンサルテーションなどを通して間接的に支援することになる。

　SCが非日常的な面接場面を設定してカウンセリングを行うことは，①の領域の援助であると考えられる。また，SCがややあらたまった設定で教師のコンサルテーションを行うことは，②の領域への間接的支援に該当する。SCが教室などに出向き，教師と協働しつつ子どもにかかわるなかで，子どもへの支援に関して教師のコンサルテーションを行うことは，③の領域への間接的支援といえる。そして，教室や廊下という

図 2-1　心理臨床活動の場 (文献4をもとに作成)

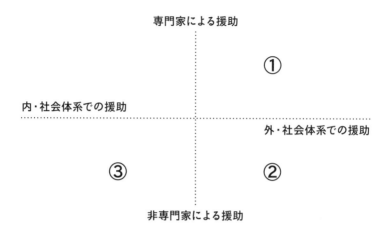

学校生活の日常場面で子どもにかかわりをもち支援を行うことは，日常場面（内・社会体系）における，専門家による直接的な援助である。これは近藤が番号すらつけていない左上の象限に位置づく，心理臨床のもっとも新しい領域における活動であると考えることができる。

　SC は，「チーム学校」のなかで幅広い役割が期待されている。面接室のなかで子どもを支援するだけではなく，学校生活の日常場面に出ていき，その場でかかわることを通して子どもを支援することを，SC の活動の１つとして捉えていくことも重要ではないだろうか。

スクールカウンセラーの活動の場

　ここで，学校教育における SC の活動の場を整理したい。図 2-2 は，

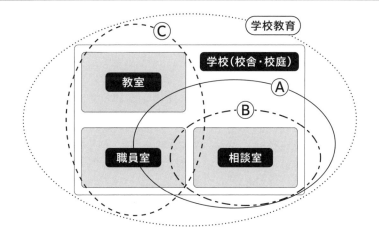

図2-2　スクールカウンセリングにおける枠組みや構造（文献5をもとに作成）

半田[5]をもとに，教育の場と SC の活動の場の関係を模式的に示したものである。図中の長方形は物理的な構造を示しており，楕円形は心理・社会的な構造を示している。一番外側を囲んでいる点線の楕円形は学校教育を示しており，その内側にある一番大きな長方形は物理的な枠組みである校舎と校庭を示している。さらに，その内側には，教室や職員室，相談室が長方形で示されている。

　SC の活動は，図中の実線の楕円形と一点鎖線の楕円形で示した。SC の活動が十分な大きさをもって広がっている場合（実線Ⓐ）と，広がりが十分ではない場合（一点鎖線Ⓑ）とを区別してある。一点鎖線Ⓑに示される活動状況の場合は，活動範囲は相談室と職員室に限られており，SC は外・社会体系の専門家としての活動を中心に，カウンセリングやコンサルテーションを行っている。SC 制度の歴史を振り返ると，初期の段階では，この一点鎖線に当てはまる状態で SC の活動が行われていたのではないかと考えられる。一方，実線Ⓐで示されている活動状況の場合

には，SC の活動範囲は教室にまで及び，十分な広がりがある。SC が学校に定着して，さまざまな場面で子どもたちとかかわりをもっている状態である。

破線の楕円Ⓒは，教師の活動範囲を示している。教室と職員室を活動領域内に含み，学校内で大きな広がりをもっている。この教師の活動領域と SC の活動領域の重なる部分が，連携や協働の場である。

SC の活動範囲が一点鎖線Ⓑの場合，最低限度の連携がなされるだけである。相談室内においてあらたまった設定でコンサルテーションが行われ，職員室においてもときに日常的な設定でコンサルテーションが行われる。一方，SC の活動範囲が実線Ⓐの場合には，SC と教師が連携するだけではなく，協働も行われる。相談室内では，やはりあらたまった設定でコンサルテーションが行われるが，職員室での活動も十分に大きく，日常的なコンサルテーションがより広がっている。そして，教室やそれ以外の場面でも大きな重なりがあり，その領域では SC と教師が協働することになる。

このように図示してみると，チーム学校の一員として SC が十分に機能するためには，SC の活動領域が学校教育のなかで十分な広がりをもつことが必要であるとわかる。

なお，学校内には図に示されたようにさまざまな枠組みや構造が存在し，それらは何重にも重なっている。伝統的なスタイルのカウンセリングと比べると，はるかに複雑な状況である。SC が学校で活動していく際には，それぞれの場ごとに置かれている枠組みや構造を意識しつつ活動することが求められる。

また，図 2-2 には示していないが，支援の対象となる子どもの活動領域もここに加えることができる。子どもによっては，教室からほとんど外側に出ていない小さな領域となる場合がある。そういった子どもに相談室でカウンセリングを行うことを通して支援しようと考えると，子ど

もに活動の範囲を広げることを求めることになり，支援の対象となる子どもに負担を強いることにつながるであろう。SC の活動領域が十分に大きな広がりをもっていれば，その子どもの活動領域と重なる部分で支援を行うことが可能となる。

　チーム学校の一員として教師と協働し，さまざまなニーズをもつ子どもたちを支援していくためには，SC が学校内で十分に大きな範囲で活動することが必要なのである。

日常の場での支援

　学校の日常の場において子どもを支援するという方法は，SC によって相談室を開放することを通して行われており，実践報告もいくつか見受けられる。たとえば半田は，「休み時間・放課後などに生徒に自由に来室してもらい，自由に相談室で過ごしてもらう活動」を「自由来室活動」[6] [7] と呼び，子どもを支援する機能を果たしていることを述べている。また，「遊び部屋」[8]「日常開放的空間モデル」[9]「オープンルーム」[10] という名称で同様の実践が報告されている。

　瀬戸は，「オープンルーム」[10] が，悩み相談等の機能である「問題解決機能」と，学校の枠組みから自由な場を提供する「解放機能」の２つの機能をもっていることを明らかにしている。また，瀬戸は，「オープンルーム」[11] が「開かれた異空間」「私的な異空間」からなる重層的な空間構造をもつ場であるとし，「スクールカウンセリングにおいて特徴的な，個人面接とも日常生活とも異なる中間領域」としてのその意義を明らかにしている。さらに半田は，「自由来室活動」[5] は子どもが SC を援助資源の１つとして発見する場になると指摘している。

こういった活動では，学校の日常を相談室のなかに呼び込むような形で心理的な支援が行われている。一方，前述のように面接室から一歩外へ出れば，そこは学校の日常である。わざわざ相談室内に学校の日常を呼び込む必要はないかもしれない。上で紹介したような実践の知見を面接室の外で活用することが求められる。

　日常場面での心理的な支援については，「その場で関わる心理臨床(12)」という考え方が有効であろう。「その場で関わる心理臨床」とは，「その場で本人に必要と考えられる体験ができるように援助すること」，そして「その場で『教える，ほめる，叱る，止める，遊ぶ，守る，言語化を促す，やってみせる，喜んでみせる，他者とつなぐ，場とつなぐ，仲間づくり，集団づくり』等のさまざまな対応を行う」ことだと述べられている。

　また，半田も(13)，「子どもを支援していくカウンセリングは，カウンセリング室だけで行われるのではなく，学校での活動全体の中で行われている」「教室や廊下での子どもとのちょっとしたかかわりも，一種のカウンセリングだと考えられる」と述べ，「10秒のかかわりも，1時間の面接も，すべてが学校生活全体を通して子どもを支援していく一部」だと指摘している。そして，日常生活のちょっとした場面において子どもを支援できる方法論を多くの場面に即して提案している。

　当然ではあるが，学校での教育や生活を通して子どもが成長していくことを考えると，伝統的なスタイルの個別面接だけで必要十分とはいえず，日常場面での支援だけで必要十分ともいえない。場面に応じて次の支援につなげ，チーム学校として学校生活全体を通して子どもの成長を図っていくことが求められるだろう。

(1) 近藤邦夫「スクールカウンセラーと学校臨床心理学」村山正治，山本和郎編『スクールカウンセラー——その理論と展望』pp.12-26，ミネルヴァ書房，1995.

(2) 石隈利紀「学校における心理教育的援助サービスの現状と展望——学校臨床心理学と学校心理学の合流を目指して」沢崎俊之，中釜洋子，齋藤憲司他編『学校臨床そして生きる場への援助』pp.23-56，日本評論社，2002.

(3) 石隈利紀『学校心理学——教師・スクールカウンセラー・保護者のチームによる心理教育的援助サービス』誠信書房，1999.

(4) 近藤邦夫『教師と子どもの関係づくり——学校の臨床心理学』東京大学出版会，1994.

(5) 半田一郎「子どもが活用するスクールカウンセラーと自由来室活動」石隈利紀監修，水野治久編『学校での効果的な援助をめざして——学校心理学の最前線』pp.125-134，ナカニシヤ出版，2009.

(6) 半田一郎「公立中学校での学校カウンセラーとしての体験」『こころの健康』11: 18-23, 1996.

(7) 半田一郎「学校における開かれたグループによる援助——自由来室活動による子どもへの直接的援助」『カウンセリング研究』33: 265-275, 2000.

(8) 木南千枝「"遊び部屋"から見えてくるもの」河合隼雄，大塚義孝，村山正治監修，倉光修編『臨床心理士のスクールカウンセリング2——その活動とネットワーク』pp.94-102，誠信書房，1998.

(9) 高岡文子「思春期の子どもたちへの接近——『日常開放的空間モデル』のスクールカウンセリング活動の展開」近藤邦夫，志水宏吉編『学校臨床学への招待——教育現場への臨床的アプローチ』pp.167-184，嵯峨野書院，2002.

(10) 瀬戸瑠夏「オープンルームにおけるスクールカウンセリングルームの場の機能——グラウンデッド・セオリー・アプローチによる生徒の視点の分析」『心理臨床学研究』23: 480-491, 2005.

(11) 瀬戸瑠夏「オープンルームにおけるスクールカウンセリングルームという場の構造——フィールドワークによる機能モデルの生成」『教育心理学研究』54: 174-187, 2006.

(12) 田嶌誠一『その場で関わる心理臨床——多面的体験支援アプローチ』遠見書房, 2016.

(13) 半田一郎『一瞬で良い変化を起こす10秒・30秒・3分カウンセリング——すべての教師とスクールカウンセラーのために』ほんの森出版, 2017.

第3章

「チーム学校」と
子どものアセスメント

本書ではこれまで，SC の具体的な活動を紹介し（第1章），学校という場での心理的援助の特質について論じた（第2章）。文部科学省の中央教育審議会による「チームとしての学校の在り方と今後の改善方策について（答申）[1]」が公表され，「チームとしての学校」，いわゆる「チーム学校」という考え方が注目されるなかで，心理職である SC も，その一員として学校で機能することが求められている。

チーム学校とスクールカウンセラー

答申によれば，チーム学校は，学校がさまざまな課題に直面しているなか，子どもに「本当の意味での『生きる力』を定着させる」ために必要とされる。その背景は以下の3つにまとめられる。

第一に，「新しい時代に求められる資質・能力を育む教育課程を実現するための体制整備」の必要性である。アクティブラーニングなどを通

して，新しい時代に必要な資質・能力を子どもたちに育むことが求められている。第二に，「複雑化・多様化した課題を解決するための体制整備」の必要性である。いじめ・不登校などの生徒指導上の課題や貧困問題への対応，特別支援教育の充実など，学校の抱える課題の複雑化・多様化，学校の役割の拡大にともない，心理や福祉などの専門性が求められている。第三には，「子供と向き合う時間の確保等のための体制整備」の必要性である。学習指導，生徒指導，部活動指導といった幅広い業務を教師が担っていることで，勤務時間が長くなっている現状を改善していくことが求められている。

　また答申では，これらの背景に対応するため，3つの方針が提案された。第一に，「専門性に基づくチーム体制の構築」である。心理や福祉などの専門スタッフを学校教育活動のなかに位置づけ，チーム体制で教育活動を行うことである。第二に，「学校のマネジメント機能の強化」である。校長，副校長・教頭，主幹教諭などのリーダーシップにより，チーム学校が機能的に活動できるようにすることである。第三に，「教員一人一人が力を発揮できる環境の整備」である。教職員がそれぞれの力を発揮し，それを伸ばしていけるようにするため，人材育成の充実や業務改善などの取り組みを進めることである。

　この答申で指摘されていることは，学校心理学[2]の枠組みと共通点が多い。チーム学校においても，学校心理学においても，SCは，チームの一員として活動することになる。学校長などのリーダーシップの下で，心理の専門スタッフとして，多様化した課題の解決に関して専門性を活かした活動を行っていくのである。SCの活動は，子どもの個別カウンセリングにとどまらず，連携や協働のなかで，子どもの生きる力を育て定着させていくことに幅広く取り組んでいくことであるといえる。

チーム学校と子どものアセスメント

　以上のように，SC はチーム学校の一員として活動することが求められている。子どものアセスメントも，SC がカウンセリングを行うためのアセスメントにとどまらず，チーム学校として子どもを支援・指導していくためのアセスメントが大切になる。

　子どもの専門的なアセスメントが求められる場面としては，以下のようなものが考えられる。第一に，支援ニーズをもっている子どもを発見し，その子どもの情報や支援の必要性をチーム学校として共有するためのアセスメントである。虐待やいじめの被害を受けている子どもや，貧困状況でサポートが必要な子どもを発見することなどがこれに該当する。第二に，チーム学校として子どもの課題に対応する支援が行われている状況で，その支援をより機能的に行うためのアセスメントである。SC がカウンセリングを行うためのアセスメントや，教職員へのコンサルテーションを行うためのアセスメントがこれに当たる。第三に，学校が危機に直面している場合，その危機に対応したマネジメントを適切に機能させるための子どもや状況のアセスメントである。危機状況では，校長のリーダーシップの下，危機対応を行うことが重要である。そのリーダーシップが適切に機能するよう情報を収集・整理し，状況判断をサポートするためのアセスメントが必要になる。

学校でのアセスメントの特徴

　チーム学校でのアセスメントは，学校心理学に基づき「心理教育的ア

セスメント」として捉えることが適切であろう。心理教育的アセスメントは、「援助の対象となる子どもが課題に取り組むうえで出会う問題や危機の状況についての情報の収集と分析を通して、心理教育的援助サービス（広い意味でのカウンセリング）の方針や計画を立てるための資料を提供するプロセス」と定義される。そもそも、学校はカウンセリングの場ではなく教育や生活の場である。SCも、子どもが学校での学習や生活を通して成長していくことを支えることになる。したがって、SCによるアセスメントでは、学校の学習や生活のなかでの子ども自身や子どもの直面する問題・危機的状況に関する情報収集が重要である。子どもの人格特性や知的な能力、心理的な発達にとどまらず、学校生活の状況やそれとの相互作用など、幅広くアセスメントを行う。

また、心理検査の適切な活用も重要である。学校は毎日の生活の場であるため、その場で判断しその場で支援していくことが多い。その事情はアセスメントも同じである。すぐ目の前の子どもや状況に対応した判断を行うためのアセスメントが求められることが多く、その場で得られる情報を使ってアセスメントを行うことが日々の支援の基本となる。一方、個別式知能検査をはじめとする心理検査は、保護者の承諾などの手続きを適正に進めていく必要があり、実施し結果が得られるまでには時間と手間がかかる。心理検査はきわめて有用なツールであるが、すべての子どもに実施することは現実的ではない。そのため、心理検査の活用については、子どもの状況に合わせてSCが適切に判断していく必要がある。

一方、アセスメントのための情報は、学校現場では幅広く手に入れることができる。教室へ出向けば、対象となる子どもの実際の行動を観察することができる。また、教師からの情報収集も容易である。廊下には子どもの作品が掲示されていることが多い。これらは、すべてアセスメントの情報源となる。カウンセリングルームでの面接や心理検査を活用

したアセスメントだけではなく，教室へ足を運んで情報を収集することが大切である。

作品からの情報収集によるアセスメント

　教室には，「○学期の目標」などとして，子どもが自分で立てた目標が掲示されていることが多い。また，行事ごとの感想文や，美術や図工，習字の作品もよく掲示されている。こういった授業での制作物は，アセスメントのための貴重な情報となる。

　たとえば，目標には「友だちとケンカしない」「忘れ物をしない」「言葉づかいを直す」「国語のテストで100点をとる」といったことが書かれていたりする。書かれている内容は，「友だちとのトラブルが多いのかもしれない」「学習に熱心なのか，あるいは学業成績への圧力が強いのかもしれない」などと，子どもの状態を推測する1つの手がかりとなる。

　感想文では，漢字の使用や具体的な事実関係が第三者（SC）に十分わかるように書かれているかという点が1つのポイントである。これらは，学力や知的な能力を推測する情報となる。また，感情が言葉として表現されているかどうかも重要なポイントである。快感情は書かれているが，不快感情は書かれていない場合もある。これは，「ネガティブ感情の社会化」が不十分であるといったアセスメントにつながる情報である。文字の丁寧さ，とくに文章の最初の部分と後半部分で丁寧さの程度が変化しているかどうかで，器用さや集中力を推測することもできる。さらに，書かれている情報だけではなく，書かれていない情報にも注目することも大切である。その子どもが，心理的に取り扱うことのできている内容

とできてない内容を推測することにつながる。

　また，図工や美術の作品は，人格特性や巧緻性を推測する手がかりにもなる。描画法による心理アセスメントの解釈を活用すれば，人物や樹木の絵から人格や知的能力の発達を推測することが可能である。ただし，作品制作は心理面接や検査とは異なった場面や手順で行われているため，解釈には慎重であるべきである。

　習字の作品からは，字の上手・下手だけではなく，子どもの理解力の一側面を知ることができる。一般に，書写の時間には，毛筆の筆づかいを担当の教師がわかりやすく説明する。その説明は，概念的・抽象的なものではなく，筆のつかい方というきわめて具体的なものである。一方，子どもにとって筆づかいは，日常的な動作ではないため，説明を理解できなければ，正しい筆づかいで書くことはできない。この場合，文字は正しいが，筆づかいが正しくない作品ができあがる。子どもが，筆づかいという細かな動作を理解できているかどうかについて，習字の作品を通して理解することができる。

　このように作品などから情報を集めて，子どものアセスメントに活かすことが可能である。ただし，注意するべき点が2つある。1つは，教師の指導が入っている可能性があるということである。とくに，小学校低学年の児童の場合，担当の教師が内容について具体的な指示をしたり，手助けをしたり書き加えたりしている場合もある。この点については，アセスメントのための情報として利用する前に確認が必要である。2つ目として，アセスメントしたい子どもの作品だけを見るのではなく，他の子どもが制作したものも含め，多くの作品を見ることが重要である。多くの作品を見ることによって，よくある表現や反応に気づくこともある。授業での指示による表現か，その年代の子どもによくある表現か，他の子どもの表現を取り入れたものか，その子どものオリジナルの表現かといったことを区別することは重要である。他の子どもの表現を取り

入れているとわかる場合には，その子どもとの関係性を推測することにつながる。オリジナルの表現は，思い込みの強さや独特の世界をもっていることに関係するかもしれない。

　また，作品ではないが，子どもの写真もアセスメントに活用できる情報の1つである。職員室には，子どもの名前と顔写真の一覧が置かれていることも多い。また，小学校では，委員会活動やクラブ活動を紹介する掲示物に，よく集合写真が貼られている。行事などの活動の様子を紹介した掲示物にもスナップ写真が使われていることがある。探せば学校内には子どもが写っている写真が2，3枚はあるだろう。こういった写真をよく見てみると，表情がこわばっていたり不自然な笑顔になっていたりすることがある。このような場合には，子どもの緊張が高いと想像される。また，ピースサインを顔の前に出している子どももいれば，遠慮がちに体の脇に出している子どももいる。そこから，対人関係のなかで自己主張することへの姿勢を推測することができる。あるいは，いくつかの写真を見比べると，ほとんど同じ表情で写っている場合もある。こういった場合には，場面や状況に応じて感情が自然に動いているとは捉えがたく，心理的な活動性が低下しているとも想像できる。写真内での位置や他の子どもとの並び方や距離も重要な情報である。

行動観察によるアセスメント

　教室内や廊下で子どもの行動観察を行うことによって情報収集することも，アセスメントの重要な方法である。行動観察によるアセスメントは，前後のつながりまで含めて細かく情報を収集することが必要になる。

　ノートをとるという行為1つをとっても，どの刺激に反応して行動が

生じているのかをくわしく観察することが求められる。たとえば，教師が「黒板をノートに写してください」と指示したときに，その指示の後すぐにノートに写し始める場合と，すぐには書き始めず，少し時間がたった後で周囲の様子を見てから書き始める場合とでは，指示への反応や子どもの行動は異なっている。それは音声による指示が入るかどうかを推測する1つの情報となる。また，「教科書○ページの……をノートに写してください」と指示があった場合と，「黒板をノートに写してください」と指示があった場合の反応や行動の違いも，やや離れた黒板からノートへの視点移動に困難さがあるかどうかを推測する1つの手がかりとなる。

　子ども同士の人間関係についても，行動観察から情報が得られる。他の子どもとのやりとりの様子や距離のとり方，表情や言語表現などが観察のポイントとなる。そうしたことから，対人関係のスタイルや感情の状態などが推測できる。とくに気をつけるべきなのは，笑顔で楽しそうにしている状況である。こころから楽しんでいるときには，その状況が終わっても楽しい感情が少しの時間は持続するものである。つまり，友だちと楽しく笑顔で話した後に自分の席に戻ったとしても，楽しそうな表情が残っているはずである。しかし，友だちから離れてすぐに笑顔が消え表情が乏しくなってしまう場合には，こころから楽しんでおらず，無理をして笑顔を作って友だち関係を維持しているのではないかと想像される。

　以上のように，教室や廊下での行動観察では，時間の流れ，刺激と反応・行動のつながりを細かく意識しながら観察する。なお，行動観察の場合も，作品からの情報収集と同様で，アセスメントしたい子どもだけを観察するのではなく，広く多くの子どもの様子を観察する必要がある。一人の子どもだけを観察した場合には，そのクラスの雰囲気や，クラスの一般的な状態を理解することが難しくなる。観察された行動がその子ど

もに特有のものなのか，そのクラスで一般的なものなのかを区別することができなくなり，アセスメントが影響を受けてしまう。また，観察対象となっている子どもがこちらの目を意識することにもつながるため，その子どもだけではなく，全体の様子を観察するようにする。

聞き取りによるアセスメント

　学校では，教職員や保護者など子どもと直接にかかわっている大人から子どもに関する情報を得ることも容易である。関係者からの聞き取りは，子どものアセスメントの重要な情報源である。

　学校では，生徒指導部会や学年会などの各種の公的な会議の場だけではなく，授業の合間に立ち話などで情報共有が行われている場合も少なくない。一方，SC は，勤務日数が限られていることが多く，公的な会議に出席できるとは限らない。そのため，関係職員などの空いている時間を見計らって情報を聞き取る必要がある。SC と教職員との関係が深まっていない段階では，関係職員から SC に話しかけて情報共有が図られることは少ない。そのため，SC が待ちの姿勢でいると，いつまでたっても情報の共有には至らず，関係も深まっていかない。忙しくしている教職員のちょっとした合間を見計らって，SC から話しかけて情報を得ることも必要であろう。

　教職員などから情報を聞き取る場合には，事実関係を具体的に捉えることが重要である。たとえば，小学校 3 年生の男児について，担任教諭から「イヤなことを避けようとする」との情報が得られた場合を考えてみる。「イヤなことを避けようとする」ということは，具体的な事実ではない。授業中の何らかの行動についての担任教諭の意味づけである。

「板書をノートに写さない」のかもしれない。「学習ドリルをやらない」のかもしれない。「自分で『イヤだ』などと言って，逃げだした」のかもしれない。そういった事実関係について担任教諭が「イヤなことを避けようとする」と意味づけたということである。担任の意味づけは尊重しつつ，具体的な出来事を聞き取ることが必要である。「具体的にはどんな様子だったんですか?」などと質問してみることも1つの方法である。ただし，教職員の意味づけを否定することは，教職員の理解や姿勢を否定することにつながるため，避けるべきであろう。事実を確かめつつ，「〇〇という出来事があったんですね，先生がおっしゃるようにイヤなことは避けようとしている印象ですね」などと，具体的な事実関係と担任教諭の意味づけをつなげて受け止めることも1つである。

チーム学校に活かすアセスメントの留意点

　以上のように，学校には子どもに関する情報があふれており，それを効果的に集めてアセスメントに活かすことが求められる。情報収集の際に共通して大切にすべきことをいくつか挙げておきたい。
　第一に，リソース(資源)を探すことである。たとえば，学校心理学に基づく援助チーム会議では，リソースを活用して援助案をつくることが重視されている。また，学校生活での子どもの支援に関して，「すべての事例でリソースを活用して支援が行われています」との指摘もある。リソースを発見することが支援のカギとなるのである。しかし，学校現場では，子どもの困った行動や問題行動に焦点が当たりがちである。それは新たな知識や行動を学ぶという学校の特質でもある。子どものできていないことにも注目する必要はあるが，すでにできていることや，

できていないときに助けてくれる存在，つまりリソースに積極的に注目し，情報を集めることが大切である。

　第二に，アセスメントは常に仮説であることに留意し，情報が得られるごとに仮説を更新していくことである。一般に，専門機関でのアセスメントではアセスメントバッテリーを組み，検査結果などの情報がまとまった段階で解釈を行うことが多い。そのため，1つの情報に左右されてアセスメントが歪んでしまうリスクは小さい。一方，学校では情報が少しずつ得られ，その情報をもとに，日々のかかわりのなかで当面の判断を行い，支援していくことが多い。この場合，初期に得られた情報に左右されて思い込みが生じてしまうリスクがある。情報収集そのものが偏っていたり歪んでいたりすることもある。また，得られた情報が十分に活用されないこともある。このようなことが生じがちであるため，アセスメントを常に更新していくことに留意すべきである。

　第三に，チーム学校に寄与するアセスメントを行うことである。SCのカウンセリングのためにアセスメントを行うだけでは，SCが学校で活動している意味は薄い。多くの大人とのかかわりのなかで子どもは成長していくものである。多くの教職員が理解でき，子どもへのかかわりに活かすことのできるアセスメントを行うことがきわめて重要である。それが子どもの利益につながるのである。

(1)　文部科学省中央教育審議会「チームとしての学校の在り方と今後の改善方策について（答申）」2015.（http://www.mext.go.jp/b_menu/shingi/chukyo/chukyo0/toushin/1365657.htm）

(2)　石隈利紀『学校心理学——教師・スクールカウンセラー・保護者のチームによる心理教育的援助サービス』誠信書房，1999.

(3)　石隈利紀「『チーム学校』における心理教育的援助サービス——公認心理師の誕生と学校心理士のこれから」『日本学校心理士会年報』9: 5-20, 2017.

(4)　石隈利紀，田村節子『石隈・田村式援助シートによるチーム援助入門——学校心理学・実践編（新版）』図書文化社，2018.

(5)　半田一郎『一瞬で良い変化を起こす10秒・30秒・3分カウンセリング——すべての教師とスクールカウンセラーのために』ほんの森出版，2017.

「チーム学校」における
カウンセリング

　前章では，主に学校生活場面での観察や子どもの作品からの情報収集によるアセスメントについて，ポイントを紹介した。続く本章では，まずスクールカウンセラー（SC）のカウンセリングにおけるアセスメントについて述べる。そして，「チーム学校」のなかでどのようなカウンセリングが求められているのか，具体的に考察したい。

初回面接におけるアセスメントの工夫

　学校現場でのカウンセリングにおいては，アセスメントのための面接を行うことが難しい。たとえば，友人関係の相談のために来談した子どもとのカウンセリングについて考えてみる。

　SC の立場からは，子どもの友人関係の相談に応えるためには，その子ども自身を理解することが第一歩であり，アセスメントを優先させたいところである。また，専門機関のカウンセリングであれば，主訴を聴

いた後に，「あなたを理解するために，いくつか心理検査をしたいと思うのですが」と提案し，それによるアセスメントから支援を始めることが一般的であろう。しかし，学校現場のカウンセリングは，「SCの関わりは即応性が求められ，場所や時間の枠が明確でなく，回数も1回限りという形になることが多い」(1)と指摘されているように，少ない面接回数で主訴に応えていくことが必要になる。そのため，アセスメントに時間をかけることが難しい。そのうえ，子どもは具体的・現実的な問題状況という自分自身以外の事柄に関する相談を求めているため，子ども自身についてのアセスメントを提案することは，子どもの求めていることと噛み合わない。また，限られた面接回数のなかで援助関係を構築していかなければならず，アセスメントのために時間を割くことが難しい。

　以上のような事情があり，学校現場での子どもとのカウンセリングにおいては，アセスメントのみに焦点を当てたかかわりをもつことは困難である。つまり，初回面接のなかで，子どもと関係を構築しつつ，主訴を理解し，さらにはアセスメントを行っていくことが求められるのである。

　こういった事情に対応して，子どものアセスメントを行うためには，初回面接の手順を定めておくことが1つの方法となる。子どもが面接室を訪れたときのSCの説明や投げかけ・質問の方法や言い方などを，ある程度一定に決めておくのである。手順を定めておくことによって，通常の挨拶，自己紹介から主訴の聞き取りまでの流れのなかで，個々の子どもの反応の違いを捉えやすくなる。その反応の違いが，子どもをアセスメントする一助となる。各種の心理検査は，状況設定と教示を厳格に定めておき，被検者によって異なる反応を通してアセスメントを行うものであるが，初回面接の手順を一定にしておくことは，こうした心理検査の考え方と本質的には一致するものだといえる。

　たとえば，子どもが相談室へ入ってきたところで着席を促し，SCが

自己紹介をして，子どもに自己紹介を求めるという手順をある程度定めておく。筆者の場合，まず自分から自己紹介をするが，その際に必ず，名札を子どもの前に差し出して見せるようにしている。視線を向ける対象がはっきりすることによって，緊張が和らぐ効果を狙っている。それだけではなく，子どもが視線を名札に向けるかどうかがアセスメントの1つの材料となる。

この他に，子どもから自己紹介をしてもらう際に，姓だけではなく名前について，漢字でどのように書くかを言葉で説明するよう促すことも手順としている。初対面のSCが子どもに名前を尋ねるのは自然なことである。また，名前は個人の秘密ではないが，SCがそれを知らないことは不自然ではない。反対に，子ども自身は当然知っているものである。つまり，自分の名前は，秘密を知られる不安や間違える不安がなく子どもが語ることができる内容なのである。こういったことから，名前の漢字について説明する際の様子をみることによって，カウンセリングへの抵抗や，話すことそのものへの不安などを感じ取ることができる。また，漢字の説明の仕方から学力を推測することもできる。さらには，相手(SC)の理解に応じて過不足なく説明することができるかどうかをみることによって，対人関係の柔軟性を推測することにつながる。

その他にも，初回面接において手順として定めておける事柄はいくつかあると思われる。カウンセラーそれぞれの拠って立つ理論やアプローチに基づいて工夫することが望ましい。

チーム学校におけるカウンセリングの課題

学校は，不登校やいじめといった学校現場で生じている課題だけでは

なく，子どもの貧困，子ども虐待など，学校現場以外の場面で生じている課題にも直面している。それらに対応するために，チーム学校が求められている。そのなかで，多くの人々とのかかわりを通して子どもは成長していく。そして，SC もチーム学校の一員として，多職種連携のなかで協働し機能していく必要がある。

　一方，カウンセリングは通常一対一で行われる。そして，そこで語られたことについて，カウンセラーとの関係において検討され，クライエントの成長が図られる。また，カウンセリングのなかで語られたことについて，カウンセラーには守秘義務が課せられている。秘密が守られるという信頼関係があるからこそ，クライエントはプライバシーを打ち明け，支援を受けることができるのである。

　こうしたことから，チーム学校における SC によるカウンセリングは，カウンセラー以外との人間関係のなかで子どもが成長することを支えるカウンセリングである必要がある。そのためにも，他職種との情報共有が重要となる。この点が，チーム学校におけるカウンセリングの課題であるといえよう。

チーム学校におけるカウンセリングの位置づけ

　そもそも学校は，カウンセリングのために設けられているわけではない。学校教育を進めていくために設けられている。スクールカウンセリングは，学校教育のなかのごく一部分を担っているにすぎない。SC の活動は，学校においては生徒指導や教育相談などの校務分掌のなかに位置づけられていることが多い。また，いじめ法案では，SC は各学校に設置されているいじめ対策会議のメンバーでもある。それだけではなく，

チーム学校では，SC は専門スタッフとして期待されている。つまり，SC は学校という場で，連携協力しながら教育活動を行う教職員集団の一員として活動することになる。また，第1章でも論じたように，子どもにとって学校は多くの人とかかわり合う生活の場である。

　以上のことから，多くの人がかかわり合い，連携協力しながら子どもの教育を行っている学校という場を前提として，チーム学校におけるカウンセリングを位置づけていくことが必要となるだろう。

チーム学校を前提とした子どもとのカウンセリング

　一般に，カウンセリングでは，同時に複数のカウンセラーに相談することは好ましくないとされている。たとえば，あるカウンセラーへの不満が生じたとしても，別のカウンセラーへその不満を語ることで，最初に相談したカウンセラーとの相互作用が深まりにくくなるためである。一方，学校ではチームとしてさまざまな教職員が一人の子どもにかかわりをもつのはごく自然なことである。SC もそういったさまざまな教職員の一人である。したがって，一人のカウンセラーが支援するということを前提としたカウンセリングではなく，多くの人が子どもを支援しているということを前提としたカウンセリングが求められる。

　たとえば，友人関係で悩みを抱えている子どもへのカウンセリングを考えてみる。SC の相談を利用するまでの間に，その子どもは学級担任などの教職員から働きかけを受けていることがほとんどである。言葉づかいへの指導など，学級担任がクラスのなかで実際に生じている関係そのものに直接的な指導を行っていることは多い。また，その子どもが学級担任に友人関係について相談していることもある。部活動の顧問に，

友だちに関する愚痴や文句を聴いてもらっていることもある。つまり，SCがその子どもと友人関係について話し合うまでもなく，すでに子どもと教職員の間で友人関係についてさまざまな相互作用が生じているわけである。その相互作用がうまく機能していれば，SCが子どもを支援するまでもなく，教職員との関係のなかで子どもは成長することができる。この場合，SCと子どもとの新たな関係において，子どもを支援していく必要性は低い。

　反対に，教職員と子どもとの間の相互作用がうまく働いていない場合には，その関係のなかで子どもが成長していける可能性は低い。友人関係をめぐって，よい相互作用を生じさせていく必要がある。しかし，SCと子どもとの関係のなかで友人関係を取り扱い，子どもの成長を図ることには慎重であるべきだろう。SCと子どもとの関係性は，一時的・限定的なものでしかなく，他方，学級担任に代表される教職員と子どもとの関係は，日常的・包括的なものだからである。学校の主役は子どもたちであるが，学級担任などの教師たちも非常に重要な役どころを担っている。一方，SCは出番そのものがきわめて少ない役どころなのである。SCが活躍することよりも，メインキャストたちが活躍することのほうが大切である。

　要するに，子どもと教職員との関係のなかでよい相互作用が起きている場合でも，そうでない場合でも，SCとの関係のなかでよい相互作用を起こして子どもの成長を図っていくことの優先度は低い。すでに生じている関係のなかで，よい相互作用が生じていくように支援することが優先される。

　こういったことから，SCのカウンセリングでは，子どもが教職員から受けた働きかけを，子どもと一緒に整理していくことが望ましいと考えられる。教職員からどのような働きかけを受けたのかを，カウンセリングのなかで子どもから聴き，それに対する子どもの受け止め方を聴い

ていくのである[(4)]。

　実際のカウンセリングでは，子どもの相談内容について，教職員から
どんなふうに言われたのかを子どもに尋ねることがスタートとなる。学
級担任や部活動の顧問など関連する教職員のそれぞれから，どのような
働きかけを受けたのかを確認していく。そして，その働きかけを受けて
どんな気持ちになったのか，どんなことを考えたのかを確認する。さら
には，子ども自身の気持ちや考えをその教職員にどんなふうに伝えたの
かなどを確認しいくのである。そういったことを子どもから聴くことを
通して，子どもと教職員の相互作用が明らかになっていく。気持ちや考
えを整理したり，それをどのように伝えるのか，伝えないのかを一緒に
考えたりしていくことで，教職員との相互作用が子どもにとって意味の
あるものになっていくと考えられる。

　なお，筆者の経験では，こういった内容について子どもから話を聴い
ていくと，子ども自身から「やっぱり，〇〇しようと思う」などと自分
の意見が語られることが多い。さまざまな働きかけについてSCと話し
合うことによって，自分なりの考えが固まってくるのであろう。これは，
それまでのチーム学校としての子どもへの支援が1つの形となったのだ
といえる。SCが新たに子どもに対して提案をするまでもないのである。

　こういった方法は，チーム学校として多職種が子どもを支援するとい
う学校の日常が，子どものなかでうまく機能していくことを目指してい
る。教職員は子どもにとっては人的環境であり，その環境と子ども自身
がうまく適合できるように支援しているといえる。学校心理学では生態
学的モデルが重視され「個人と環境の適合がめざされる[(5)]」が，これはそ
の考え方と一致するものであり，学校のなかで活動しているSCだから
こそできる支援である。

チーム学校での守秘義務とカウンセリング

　カウンセラーには，クライエントの秘密を守るという守秘義務がある。チーム学校のなかで活動する SC においても同様である。しかし，チーム学校としての活動がうまく機能するためには，情報の共有が重要となる。

　SC の守秘義務は，単に SC 一人が守秘義務を果たしていくということではなく，チームとして集団で守秘義務を果たしていくという「集団守秘義務」へと考え方が発展してきた。集団守秘義務に関して本田は，[6]石隈[7]の議論をもとに図 4-1，図 4-2 のようにまとめている。

　しかし実践上は，集団守秘義務の考え方を取り入れるとしても，守秘義務をめぐっていくつかの課題が生じる。たとえば，SC に相談した内容が他の教職員に伝わると子どもが認識すると，それが不信感につながる恐れがあると指摘されている[8]。また，集団守秘義務に基づきチーム学校として支援を行うということは，チームに対して SC から報告するということでもある。子どもとのカウンセリングで得られた情報について，報告と守秘義務との間で SC はジレンマを感じることとなる。

　報告と秘密を守ることは一見対立することのようであるが，子どもが自己主張・自己表現することを SC がサポートするという姿勢を保つことによって，この 2 つを両立させることができる。

　たとえば，不登校傾向の子どもとのカウンセリングにおいて，学級担任からの登校刺激を負担に感じているということが語られた場合を考えてみる。登校刺激への負担感をチーム学校として教職員と情報共有するかどうかは，SC として迷うところである。SC が学級担任にその負担感を伝えつつ支援方法について話し合うことができれば，子どもの負担感を小さくするような登校刺激の工夫につながると考えられる。しか

図 4-1 **学校における守秘義務と報告義務のバランス** (文献6をもとに作成)

生徒との面接	

守秘義務	報告義務
・内面的な悩みの詳細内容によって，限られたメンバー間の共有にとどめるが，できる限り当該生徒の承諾を得る	・当該生徒と面接していること ・面接での目標 ・援助者のチームでの援助方針における当該面接の位置づけ

守秘義務を超える場合（できる限り承諾を得る）

自傷他害の恐れ	虐待の疑い	直接関わる専門家間

図 4-2 **学校における情報共有のレベル** (文献6をもとに作成)

学校全体

子どもの危機状況（自殺未遂など）
教育方針（相談室への登校開始など）

援助者のチーム（集団守秘義務）

話し合いで得られた情報
チーム外にも知らせる情報も確認する

1：1（私とあなた）

内面的な話題
守秘されることが信頼関係の基盤となる

し，守秘ではなく報告を優先させることには問題があると言わざるを得ない。

　一方，子ども自身がどのような気持ちなのか，学級担任にどんなふうにわかってほしいのか，どうやって伝えるかなどについて，子ども本人とSCが細かく話し合いをしたうえで情報共有を行うことは，子どもにとっても意味があると考えられる。その話し合いの結果，子どもが自分自身で，学級担任に気持ちを伝えられる可能性もある。それは，SCのサポートによる自己主張や自己表現である。また，子ども自身が話せない場合でも，子どもの了解のもとSCが学級担任に報告することは，子どもにとっては間接的な自己主張・自己表現であると捉えられるだろう。

　以上のように，子どもが自己主張・自己表現することをSCがサポートする立場に立てば，守秘義務と情報共有は対立するものではなく，両立するものであると捉えられる。しかも，子どもの成長につながる支援の1つとなると考えられる。

第4章 文献

(1) 福田憲明「スクールカウンセラーの個への関わり――特集にあたって」『子どもの心と学校臨床』16: 3-10, 2017.

(2) 半田一郎「スクールカウンセラーから見た二次的援助サービス」水野治久, 家近早苗, 石隈利紀編『チーム学校での効果的な援助――学校心理学の最前線』pp.123-131, ナカニシヤ出版, 2018.

(3) 半田一郎『一瞬で良い変化を起こす10秒・30秒・3分カウンセリング――すべての教師とスクールカウンセラーのために』ほんの森出版, 2017.

(4) 半田一郎「学校心理士によるカウンセリングの方法」学会連合資格「学校心理士」認定運営機構企画・監修『学校心理士による心理教育的援助サービス（講座「学校心理士――理論と実践」2)』pp.152-163, 北大路書房, 2004.

(5) 石隈利紀『学校心理学――教師・スクールカウンセラー・保護者のチームによる心理教育的援助サービス』誠信書房, 1999.

(6) 本田真大『援助要請のカウンセリング――「助けて」と言えない子どもと親への援助』金子書房, 2015.

(7) 石隈利紀「秘密保持と情報の共有――チーム援助の視点から」『スクールカウンセラー――小中学校での役割と実践』(『児童心理』62巻臨時増刊) pp.69-75, 2008.

(8) 植山起佐子「学校における守秘義務を再考する――スクールカウンセラーの倫理」『子どもの心と学校臨床』16: 99-110, 2017.

スクールカウンセラーの
コンサルテーション

学校現場におけるコンサルテーション

　スクールカウンセラー (SC) にとって，コンサルテーションは重要な活動である。学校心理学の立場からは，コンサルテーションは「異なった専門性や役割をもつ者同士が子どもの問題状況について検討し今後の援助のあり方について話し合うプロセス[(1)]」と定義されている。たとえば，欠席がちな児童生徒へのかかわり方について，担任教諭が SC に相談することがコンサルテーションの一例である。

　コンサルテーションにおいて，SC は児童生徒に対して直接的な支援を行うのではなく，教師を通して間接的に支援する。コンサルテーションでは，相談する側がコンサルティ，相談を受ける側がコンサルタントと呼ばれ，SC にはコンサルタントとしての活動が期待される。

　SC の活動において，コンサルテーションは大きな割合を占めている。たとえば，千葉市以外の千葉県内で SC が配置された公立中学・高等学校 295 校にという，SC 活動のなかで児童生徒からの相談は 52%，教

職員からの相談は34%，保護者からの相談は14%であり，これは過去6年間と同じ傾向であると報告されている。また半田は，中学校におけるSC活動について報告しているが，すべての相談件数161件のうち，教職員とのコンサルテーションが41件（25.5%）であった。

　教職員がコンサルテーションをどの程度利用しているかについても，いくつか調査結果がある。谷島の調査によれば，SCのコンサルテーションを受けた経験のある教師は228名中115名（50.4%）であった。小林の調査では，936名中571名（60.4%）の教師がコンサルテーションを利用しており，そのうちの87.1%がコンサルタントとしてSCや相談員を想起したとのことであった。そこから，60.4%と87.1%の積である52%程度の教師は，SCや相談員のコンサルテーションを活用していたと考えられる。

　以上のように，コンサルテーションは教職員の多くが利用し，SCにとっても大きな部分を占めている重要な活動であるといえる。

チーム学校におけるコンサルテーションの意義

　「チーム学校」では，「専門性に基づくチーム体制の構築」「学校のマネジメント機能の強化」「教職員一人一人が力を発揮できる環境の整備」が求められている。SCのコンサルテーションは，いくつかの側面からチーム学校に貢献する活動であると考えられる。

　SCはカウンセリングや心理学の専門性をもつ専門職であるが，学校の教員も学校教育に関する専門性をもつ専門職である。SCによるコンサルテーションのプロセスでは，児童生徒への支援について話し合うのであるが，それぞれの専門性を活かして，相互にそして協力して話し合っ

ていくことになる。したがって，コンサルテーションは，SC が教職員
に対してアドバイスを行うという一方的な活動ではない。相互性のある
関係における，協働的な活動といえる。こういった意味で，SC による
コンサルテーションは「相互コンサルテーション」あるいは「協働的コ
ンサルテーション」であり，チーム学校で求められている「専門性に基
づくチーム体制」の 1 つの形と考えられる。

　チーム学校における「教職員一人一人が力を発揮できる環境の整備」
では，人材育成の充実や業務改善の推進などが焦点とされている。SC
によるコンサルテーションの目的は児童生徒への支援をより効果的に行
うことであるが，教職員が児童生徒を支援する能力の向上も第二の目的
であるとされる。また石原は，中学校教師へのインタビューから，教職
員は SC のコンサルテーションで得られた新たな考え方，視点や方法を
他の場面でも利用するようになり，対応能力が向上することを明らかに
している。つまり，人材育成の観点からも，SC によるコンサルテーショ
ンは，チーム学校に貢献するものといえる。

　また，コンサルテーションによって児童生徒への支援がより的確なも
のになれば，結果的に教員の時間を確保することにつながるであろう。
コンサルテーションは業務改善についても，チーム学校に貢献する活動
なのである。

　以上のように，SC のコンサルテーションは，チーム学校が機能する
ためにきわめて重要な活動である。

スクールカウンセラーの活動におけるコンサルテーションの意義

　前章で指摘したように，チーム学校における SC によるカウンセリン

グは，SC 以外との人間関係のなかで子どもが成長することを支えるカウンセリングであることが必要である。

　SC は常勤化や常駐化が模索されているが，現状では週に 1 回程度の勤務が大半である。そのため，SC が行うカウンセリングは，どんなに多くても週に 1 回程度の頻度となる。しかし，子どもはそれ以外の時間も，週に 30 時間以上も学校で生活している。子どもの立場から考えた場合，SC によるカウンセリングは，学校生活のなかの「点」でしかない。SC のカウンセリングが子どもにとって役立つものであっても，学校生活全体のなかでみると，その影響力はきわめて小さい。

　一方，学級担任などの教職員と児童生徒とのかかわりは，毎日の学校生活のなかで行われている。子どもはほぼすべての場面で教職員とかかわりながら，日々の学校生活を送っているのである。子どもの立場から考えると，教職員とのかかわりは「線」や「面」である。教職員の支援が適切に機能することは，子どもにとっては，毎日の学校生活がより豊かなものとなることにつながる。

　もう 1 点，SC による子どものカウンセリングは，子どもにある程度の負担をかける場合がある。たとえば，授業中にカウンセリングを行う場合には，その授業における学習内容を学ぶことができないという問題が生じる。個別の学習課題などで補うこともある程度可能であるが，その時間に授業で体験することそのものが失われてしまう。さらには，学習内容だけではなく，授業に一人だけ参加していなかったことを他の子どもに知られることが，その子どもにとっては心理的な負担感につながる可能性もある。また，休み時間や放課後にカウンセリングを行う場合もあるが，その時間に体験するはずだった友だちや教職員との遊びやおしゃべりなどの活動が失われてしまう。つまり SC がカウンセリングを行うことは，多かれ少なかれ子どもに何らかの負担を強いるものである。反対に，SC がコンサルテーションを通して子どもを支援する場合には，

子どもの負担はまったく生じない。

　このように，SCによるカウンセリングは，学校生活のなかでは「点」でしかなく，子どもの負担が生じてしまう可能性がある一方，コンサルテーションは，学校生活のなかで「線」や「面」へと子どもへの支援が広がる可能性があり，かつ子どもの負担も生じない。

　このことを踏まえると，SCが子どもへの支援を行う場合，カウンセリングよりもコンサルテーションが優先されるべきだと考えられる。コンサルテーションにより，教職員の子どもへのかかわりが適切に機能するようになり，学校生活がその子どもの成長を支えるものになる場合には，カウンセリングを行う必要性は低下する。コンサルテーションを行ってもさらなる支援が必要な場合に，SCのカウンセリングが求められるのである。

コンサルテーションは誰のニーズに応えるのか

　前述のように，コンサルテーションは，異なる専門性をもった専門職同士の協働による活動である。つまり，教職員が教職員としての専門性を発揮できるように，SCが心理学の専門職としてサポートしつつ協働して子どもを支援するのである。教職員がSCのように子どもを支援できることを目指すのではない。

　そのためには，SCが教職員の置かれている立場や専門性について理解し配慮しつつ，子どもへの支援を考えることが必要になる。小林は，⁽⁵⁾「校内でのコンサルティの立場を理解している」「子どもにこうなってほしいという教師の思いを理解している」「教師が，今置かれている状況や，これまでの背景を理解している」などの「コンサルタントの関係促進ス

キル」が，コンサルテーションの有効感と関連があることを指摘している。

　以上のように，教師という専門性や立場を活かし，教師の思いに応えつつ，子どもへの支援についてコンサルテーションのなかで話し合っていくことが重要である。つまり，コンサルテーションでは，教職員のニーズに応えていくことが求められる。これは，前述のように，教職員が児童生徒を支援する能力の向上が第二の目的とされること⁽¹⁾とも一致する。また石原⁽⁸⁾は，コンサルテーションでは教師の向上心が背景となっていると指摘している。この点からも，コンサルテーションが教職員のニーズに応えるものであることが重要だといえるだろう。

　一方，コンサルテーションは，子どもへの間接的な援助として位置づけられ，子どものニーズに応えることが基本となる。一般に，教職員の思いや立場，専門性をもとに子どもへの指導・支援をしていけば，子どもの成長が促されるとは限らない。教職員の指導・支援が有効に働くためには，子どものニーズに応えていくことが何より重要なのである。

　以上のことから，コンサルテーションにおいては，教職員のニーズと子どものニーズをともに入れ，その両方に応える支援を考えていくことが必要になる。

　具体例として，不登校の支援を考えてみる。一般に，教職員の指導や支援は，学習や学校生活上の活動を通して行われる。学級担任であれば，クラスでの活動や人間関係を通して子どもの成長を促していく。学級担任としては，不登校の生徒も自分のクラスの一員であり，その生徒にも「自分はクラスの一員」という意識をもってほしいと願うのは自然なことである。可能な範囲でクラスの活動に参加してほしいという願いもごく当然である。したがって，不登校の子どもにもクラスの一員として活動に参加できるようなってほしいということが，学級担任のニーズであることは多い。しかし，不登校の子どもの立場から考えると，状況は正

反対となる。学級の活動への参加はできるだけ避けたいと思う子どもは多い。また，学級に参加してほしいという担任の思いを負担に感じる子どもも多い。つまり，学校と距離をとりたいということが子どものニーズになる。このように，不登校への支援の場合には，学級担任のニーズと子どものニーズが相容れないものになりがちなのである。不登校以外の場合でも，教職員のニーズと子どものニーズが相容れないことは少なくない。

　ここで重要なことは，具体的に子どものニーズを把握することである。具体的な子どものニーズがわかれば，それに合わせて，支援する側である教職員のニーズも変わるからである。教職員も，子どもの望んでいないことを無理強いして自分の思いを優先させたいわけではない。子どもに合わせて，できる範囲で自分らしい指導や支援を行いたいという願いをもっている。したがって，コンサルテーションの初期には，子どものアセスメントを的確に行い，その子どもへの理解を深め，子どものニーズについて共通理解をもつことが重要となる。それによって，子どものニーズに沿って，教職員のニーズを満たしていくことができるのである。

　石原や小栗[8][9]はコンサルテーションのプロセスに関する研究を行っているが，どちらの研究でも，コンサルテーションの前半でアセスメント結果を共有するプロセスが確認されている。子どものアセスメントの共通理解をもとに，教職員がその立場や専門性を活かして子どもを支援する方法を考えていくことが可能となるだろう。

アセスメントのプロセスを共有する

　コンサルテーションにおいては，子どもに関する情報をもとにアセス

メントを行い，コンサルティに支援策を提案することになる。アセスメントに用いる情報を得るために，事前に教室で対象となる子どもの行動観察を行ったり，関係職員から聞き取りを行ったりする場合もある。しかし，事前の情報収集は必ずしも必要ではない。コンサルテーションのプロセスで，コンサルティと話し合いながら，情報収集を行っていくことも多い。

　いずれにしても，コンサルテーションにおいては，得られた情報からアセスメントを行うプロセスもコンサルティと共有していくことが求められる。アセスメントが単なる憶測ではなく，専門的な判断だということをコンサルティにも伝えるためである。

　また，アセスメントのプロセスを共有することによって，コンサルティが疑問を差し挟んだり，異なった考えや推測を表現したりしやすくなる。コンサルテーションがSCによる一方的な指導監督であれば，このことは不都合かもしれない。しかし，前述のようにコンサルテーションは，異なる専門性をもった専門職同士の協働による活動である。このような疑問や意見はアセスメントを多角的に行い深めていくことにつながるものであり，歓迎されるべきである。さらに，アセスメントのプロセスが共有されることは，コンサルティである学校職員が，アセスメントの力量を高めていくことにもつながる。

　こういったことから，集められた情報からアセスメントに至るまでのプロセスを，コンサルテーションのなかで，コンサルティである学校職員と共有していくことが望まれる。

アセスメントの結果から子どもの言動を予測する

コンサルテーションのなかでアセスメントを行う場合に，その時点までに得られた情報から子どもの状態や行動を予測することも重要である。

たとえば，子どもが制作した作品や掲示物から，子どもの教室での言動を予測し，コンサルティである教職員に伝える。その予測がコンサルティが見聞きしている実際の子どもの言動と一致するのであれば，アセスメントが的確である可能性が高いと判断できる。一方，一致しない場合には，さらなる情報をもとに，より深くアセスメントを行うべきであると考えられる。

アセスメントは常に仮説であり，決めつけに基づいて子どもを理解することであってはならない。アセスメントが的確であるかどうかを常にチェックしながら，コンサルテーションを行っていくことが重要である。

リスクの少ない支援方法を提案することが原則

次に，どのような支援方法を提案するのかについて述べる。

コンサルテーションでは，子どものアセスメントをもとに支援方法についてSCと教職員が一緒に検討を行い，SCの視点から具体的な支援方法の提案が行われることが多い。その際には，リスクの少ない方法を提案することが基本である。たとえば，学校へ来ることについて葛藤を抱えている不登校の子どもに対しては，学校へ来るような働きかけではなく，学校へ来ないでかかわりをもつような支援方法を提案することを

基本とするのである。

　これには，2つの理由がある。1つは，支援によって子どもの不利益が生じるのを避けるためである。支援がうまく機能しない場合には，子どもが心理的なダメージを受けて問題が大きくなってしまう可能性があるが，そういった状況はできる限り避けたいところである。もう1つの理由は，小さな変化は大きな変化へとつながっていくと考えられるからである。これは，ブリーフセラピーの考え方であるが，無理のないところから変化を促していくことを通して，少しずつ状況の改善を目指すことが理にかなっているといえる。

「観察すること」も支援方法の1つである

　また，具体的な支援方法を提案するのではなく，「子どもを観察すること」を当面の方針として SC から提案することも，場合によっては適切な支援方法である。観察するという気持ちをもつことによって，教職員が子どもへかかわる際の姿勢が変化し，それが子どもの変化を引き出すことも多い。つまり，「観察」もリスクが少なく，有効な支援の選択肢の1つである。

　その場合，漠然と様子をみるのではなく，具体的なポイントを提示して，子どもの様子を観察し情報を集めることを提案することが望ましい。観察によって得られた情報を次のコンサルテーションの際に活用し，アセスメントを深めていくことで，より適切な支援方法を考えていくことができる。観察にはこのような積極的な意味があり，次の支援につながるということを，コンサルテーションを受ける側の教職員にも理解してもらうことが重要である。

当然ではあるが，観察のみを行う場合だけではなく具体的な働きかけを行う場合にも，支援方法に対する子どもの反応を観察することを教職員に促すようにする。その観察の結果を次のコンサルテーションで活用できるからである。これは，小林や石原⁽⁵⁾においても，コンサルテーションは1回きりのものではなく，循環的なプロセスをもつものであると指摘されていることと一致する。

一次的援助サービスを提供する支援方法を優先する

　一般に，支援を必要としている子どもは多様なニーズを抱えており，それらに応える支援方法にもさまざまなものがある。第1章で述べたように，学校心理学の枠組みでは，子どもへの援助サービスは一次的援助サービス，二次的援助サービス，三次的援助サービスの3段階に整理される（図5-1 → P.70）。

　ところで，重大な援助ニーズをもつ子どもは，三次的援助サービスのみを必要としているのであろうか？　たとえば，不登校の子どもであっても，いじめ被害にあった子どもであっても，学習スキルや対人関係のスキルを学ぶことも必要としている。また，不登校やいじめ被害の影響によって，学習意欲の低下などのさらなる問題が生じる可能性もある。そういった問題状況がより大きくならないように予防するための支援も必要としているであろう。このことを半田⁽¹⁰⁾は，一人の子どものもつ援助ニーズについて球体の模式図としてまとめている（図5-2 → P.70）。つまり，三次的援助サービスを必要としている子どもたちは，一次的援助サービスも二次的援助サービスも必要としているのである。

　コンサルテーションにおいては，重大な援助ニーズをもつ子どもへの

図 5-1　3段階の援助サービス（文献1をもとに作成）

一次的援助サービス
入学時の適応，学習スキル，
対人関係スキルなど

二次的援助サービス
登校しぶり，
学習意欲の低下など

三次的援助サービス
不登校，いじめ，
LD（学習障害），
非行など

図 5-2　子どものもつ多様なニーズ（文献10をもとに作成）

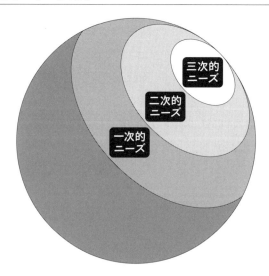

三次的
ニーズ

二次的
ニーズ

一次的
ニーズ

支援方法について検討されることが多い。その際，重大なニーズに焦点が当たり，三次的援助サービスを提供することにこだわってしまいがちである。しかし前述のように，その子どもたちは，一次的・二次的援助サービスも必要としている。したがって，一次的・二次的援助サービスを提供することをコンサルテーションのなかで考えることが必要になる。

　とくに，一次的援助サービスは，すべての児童生徒がもつ援助ニーズに応えるものであり，学級や学年での活動を通して学級担任から提供されることが多い。したがって，学級担任が一次的援助サービスを提供することをコンサルテーションにおいて検討することが適切だと考えられる。

　たとえば，中学校では進路に関する学習やキャリア教育が計画的に行われている。これらは，すべての子どもに対する一次的援助サービスの1つである。不登校の子どももこれらの学習を必要としているが，欠席のため学習ができていないことが多い。こういった学習の機会をその子どものために提供することは，不登校の子どものニーズに応える支援であり，学級担任がその支援を行うことには大きな意味がある。学級担任の立場や専門性を活かすことにつながり，チーム学校の考え方とも共通する。

　以上のように，コンサルテーションにおいては，子どものもつニーズと教職員のもつニーズの両方に応え，リスクの少ない支援方法を提案することが重要である。

第5章　文献

(1)　石隈利紀『学校心理学——教師・スクールカウンセラー・保護者のチームによる心理教育的援助サービス』誠信書房, 1999.

(2)　遠藤みゆき, 栗加均「スクールカウンセラーの受理相談の分析 (12) ——千葉県スクールカウンセラーの属性と相談活動Ⅶ」『日本教育心理学会総会発表論文集』49: 190, 2007.

(3)　半田一郎「スクールカウンセラーから見た二次的援助サービス」水野治久, 家近早苗, 石隈利紀編『チーム学校での効果的な援助——学校心理学の最前線』pp.123-131, ナカニシヤ出版, 2018.

(4)　谷島弘仁「教師が学校コンサルタントに求める援助特性に関する検討」『教育心理学研究』58: 57-68, 2010.

(5)　小林朋子『子どもの問題を解決するための教師へのコンサルテーションに関する研究』ナカニシヤ出版, 2009.

(6)　文部科学省中央教育審議会「チームとしての学校の在り方と今後の改善方策について (答申)」2015. (http://www.mext.go.jp/b_menu/shingi/chukyo/chukyo0/toushin/1365657.htm)

(7)　中村美穂「学校臨床心理士が子どもの問題状況に応じて活かす学校や教師とのコンサルテーションに関する文献検討」『九州大学心理学研究』19: 79-86, 2018.

(8)　石原みちる「スクールカウンセラーによる教師に対するコンサルテーションの研究動向と課題」『カウンセリング研究』49: 96-107, 2016.

(9)　小栗貴弘「学校コンサルテーションに関するコミュニケーション・モデルの実証的研究」『目白大学人文学研究』10: 251-263, 2014.

(10)　半田一郎『一瞬で良い変化を起こすカウンセリングの"小さな工夫"ベスト50 ——すべての教師とスクールカウンセラーのために』ほんの森出版, 2019.

第6章

「チーム学校」における
保護者との連携

スクールカウンセラーと保護者の連携

　「チーム学校」の一員としてスクールカウンセラー（SC）が活動する際には，保護者とのかかわりも重要な焦点の1つである。

　チーム学校に関する文部科学省の答申では，「保護者が子供に対して行う家庭教育は，教育の出発点である。社会全体で子供の成長を支えるためには，学校や地域とともに，家庭との連携・協働により教育活動を充実していくことが重要である[1]」と指摘されている。チーム学校では，学校内の多職種の連携・協働に焦点が当たりがちであるが，保護者との連携・協働も同様に重要なのである。

　しかし，保護者への対応が学級担任の忙しさにつながっているともいわれている。そのため，チーム学校では，「教員に加え，専門スタッフ，地域人材等が連携・分担することで，より効果を上げることができる業務」の1つとして，「保護者対応」が挙げられている[1]。SCはチーム学校において専門スタッフとして位置づけられており，保護者との連携・

協働は，チーム学校における SC の活動として重要なものといえる。

保護者をパートナーとする援助チーム

　不登校や発達障害など，大きな援助ニーズをもっている子どもへ支援を行う場合，保護者との連携・協働は欠かせない。その際，学校心理学をもとにした，「保護者をパートナーとする援助チーム」⁽²⁾の考え方が有用である。学校教職員と SC が連携・協働する援助チームに，保護者がパートナーとして加わることによって，子どもへの支援をより効果的に行うことが期待できるのである。

　この場合，学級担任と SC，そして保護者からなる援助チームは「コア援助チーム」と呼ばれる。「コア援助チーム」は，必要に応じて他の教職員などをメンバーとして加えた「拡大援助チーム」や，他の専門機関との連携による「ネットワーク型援助チーム」に発展する際の核（コア）となるものである。

　コア援助チームでは，子どもへの支援が，5 つの過程を経て行われる。すなわち，①多面的アセスメント，②援助方針の決定，③援助案の作成，④援助案の実行，⑤援助結果の評価と修正である。この 5 つの過程を繰り返すことで，子どもへの支援が充実していく。

　コア援助チームに保護者がパートナーとして参加することの一番の意味は，多面的アセスメントにある。学校の教職員は，学校での子どもの行動や言葉を手がかりとして子どものアセスメントを進めていくことになる。一方，保護者は，家庭での子どもの様子を通して子どもを理解している。しかし，どんな子どもでも，学校で見せている姿と家庭で見せている姿には違いがある。学校で得られる情報と家庭から得られる情報

の両者を統合して子どものアセスメントをすることができれば，アセスメントが多面的となり，より深く子どもを理解することにつながる。アセスメントは，援助方針や援助案のもととなるものであり，アセスメントが深まることの意義は非常に大きいといえる。

　なお，保護者と担任とSCが一度に顔を合わせて会議を行うことは，実際上難しい場合が多い。この三者が連携・協働しているという共通理解があれば，保護者・SC，担任・SC，保護者・担任というそれぞれの二者による話し合い全体を，保護者をパートナーとする援助チームと捉えることができる。

保護者のカウンセリングニーズとコンサルテーションニーズ

　保護者をパートナーとする援助チームでは，保護者は支援を提供する側として位置づけられている。しかし，保護者は支援を受ける側という面ももっている。この点に関しては，保護者のもつニーズを，カウンセリングニーズとコンサルテーションニーズの両面から捉えていくことが必要である。[3]

　たとえば，子どもの不登校に関連して考えると，子どもの欠席が多いことを気に病み，「自分の育て方が悪かった」と自身を責めてしまう保護者もいる。また，発達障害の子どもへの家庭でのかかわりに疲れ，気持ちが落ち込んでいる保護者もいる。こういった保護者に，援助チームのパートナーとして連携・協働してもらうことは負担が大きい。このような場合，保護者は支援を受ける側なのである。つまり，保護者のカウンセリングニーズが大きいため，まずは，SCが保護者のカウンセリングを行うことが必要である。それを通して保護者は，心理的にある程度

安定した状態となることが期待される。

　しかし，その段階でも保護者のもつニーズがすべて解消されるわけではなく，子どもにどのようにかかわったらよいかといった悩みを抱えていることは多い。つまり，保護者は子どもへのかかわり方についてのコンサルテーションニーズをもっているのである。この場合，保護者は援助チームのパートナーとして学校教職員やSCと連携・協働することができる。援助チームの話し合いのなかで，子どもについての理解を深め，適切なかかわり方がわかれば，保護者はそれを家庭での子どもへのかかわりに活かすことができるであろう。こういったプロセスが，保護者のもつコンサルテーションニーズに応えるものである。このように，保護者のもつニーズをカウンセリングニーズとコンサルテーションニーズに分けて捉え，それぞれに応えていくことが，保護者との連携・協働を進めていくことにつながる。

　一方，ニーズがあっても相談につながらない保護者も多いと考えられる。その場合のかかわり方は，援助要請の経路に基づいて整理することができる[(4)]。

　本田によれば[(4)]，保護者がSCなどの専門家への相談につながらない場合は，大きく3種類に分けることができる（図6-1）。第一のタイプは，「困っていない」タイプである。そもそも問題状況の認識が乏しかったり，自己解決できると捉えていたりする。この場合は，心理教育によって，問題状況を適切に認識する力を高め，保護者のニーズを引き出すかかわりを行う必要があると考えられる。第二のタイプは，「助けてほしいと思わない」タイプである。困っているけれども，援助要請の意図・意志が弱いため，援助につながっていないタイプである。この場合は，援助を受けることによって解決が可能であることを伝えるなど，援助要請の意図・意志を高めるかかわりが必要であろう。第三のタイプは，「『助けて』と言えない」タイプである。援助要請の意図・意志があるにもかかわら

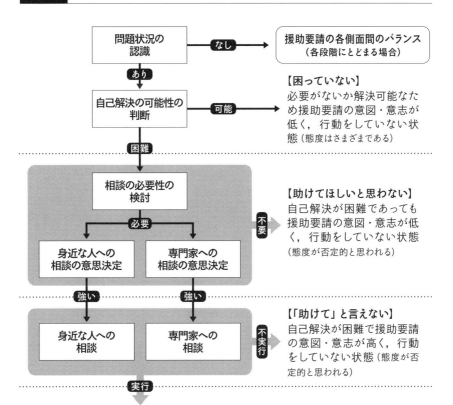

図 6-1　援助要請経路と援助要請の各側面のバランス（文献4をもとに作成）

問題状況の認識 ──なし──→ 援助要請の各側面間のバランス（各段階にとどまる場合）

あり

自己解決の可能性の判断 ──可能──→ 【困っていない】
必要がないか解決可能なため援助要請の意図・意志が低く，行動をしていない状態（態度はさまざまである）

困難

相談の必要性の検討 ──不要──→ 【助けてほしいと思わない】
自己解決が困難であっても援助要請の意図・意志が低く，行動をしていない状態（態度が否定的と思われる）

必要

身近な人への相談の意思決定　　専門家への相談の意思決定

強い　　　強い

身近な人への相談　　専門家への相談 ──不実行──→ 【「助けて」と言えない】
自己解決が困難で援助要請の意図・意志が高く，行動をしていない状態（態度が否定的と思われる）

実行

【「助けて」と言える】
自己解決が困難で援助要請の意図・意志が高く，行動をしている状態（態度が否定的と思われる）

ず，相談に至っていない。さまざまな背景があって，相談行動を起こすことができていないと考えられる。この場合は，相談することへの抵抗感に配慮しつつ，かかわっていくことが必要となる。

教職員を含む三者関係の難しさ

　ところで，学校でのSCによる保護者との連携・協働では，学校教職員を含んだ三者関係が生じる。その三者関係においては，SCが教職員と保護者の板挟みとなるような難しい事態も生じがちである。

　たとえば，不登校の子どもをめぐって，関係の構築が難しい場合がある。保護者は担任が厳しいせいで子どもが学校へ行けないと捉えており，反対に，担任は保護者が甘いせいで子どもが学校へ来られないと捉えているような場合である。こういった状況で保護者との面接をもつと，SCは，学校と保護者のどちらの味方であるかを問われることもある。保護者に傷つきや不安があり，それに伴って，「敵か味方か」というような極端に単純化した思考が生じていると考えられる。この捉え方は一種の思考の誤りであり，二極思考などとも呼ばれるものである。

　一方，SCは保護者との面接のなかで共感的に話を聴き，信頼関係を構築しようとかかわっていく。これは敵・味方の対立関係における味方という姿勢ではないが，保護者はSCを自分の味方だと捉えることがある。それに伴い，保護者と担任との対立関係にSCが巻き込まれてしまう危険性もある。このような場合には，保護者，担任，SCが連携・協働して子どもを支援することが難しくなってしまう。

　一般に，三者関係は，ある二者が接近し残りの一者を遠ざける構造となり，二対一で対立する関係となりがちである。保護者，担任，SCという三者が連携・協働していくためには，第四の存在を取り入れることが有効となる。たとえば，教頭や学年主任という立場が上の存在に嫌われ役を引き受けてもらうという方法がある。⁽⁵⁾また，子どもの問題状況を第四の存在として，共通に意識することも1つの方法である。三者がお互いのことを「敵か味方か」と考えるのではなく，共通のテーマとして

子どもの問題状況を考えるのである。

　いずれにしても，SC が保護者とかかわりをもつ場合には，関係者が連携・協働して子どもを支援できるように，学校におけるさまざまな関係性を理解しつつ活動していくことが必要となる。

保護者との連携・協働の実際

　以上のように，保護者との連携・協働は子どもの支援において大きな意義があるが，効果的に連携・協働していくためには，さまざまな留意点が指摘できる。以下，これまでの議論を踏まえて，実際の SC 活動のなかで保護者との連携・協働をどのように行っていくのかについて述べる。

［1］保護者のニーズに応える働きかけをする

　保護者が SC のもとを訪れる場合，自主的・自発的に相談を申し込んでくるケースと，学級担任などの学校の教職員からの勧めによって来談するケースがある。後者の場合，学校で子どもが問題に直面しているため，保護者が子どもに適切な支援を行うことを担任が期待し，SC の利用を保護者に働きかけたのだと考えられる。しかし，この場合，学校からみた子どもの問題状況と，保護者からみた子どもの問題状況が一致していることはあまりない。したがって，学校からみえる問題状況をもとに，教職員が保護者に SC を利用するよう働きかけを行うと，保護者の抵抗や拒否にあう可能性がある。保護者のニーズに基づいて，働きかけを行うことが必要である。

たとえば，起立性調節障害によって遅刻や欠席が多くなった子どもの
ケースを考えてみる。「子ども（の状況）が心配だから」，あるいは「欠席
が多くなったから」という理由で，教職員がSCの利用を保護者に勧め
たとしても，それは保護者のニーズとは少しズレている。まして，「不
登校だから」という理由で保護者の来談を促した場合には，保護者の捉
え方と食い違っているため，不信感につながる可能性がある。こういっ
た場合，保護者はSCにつながらず，子どもの問題状況が広がってしま
う危険性がある。教職員は，保護者のニーズを汲み取り，「起立性調節
障害の子どもへの家庭でのかかわり方について，相談してみたらどうで
しょうか？」などとSCの利用を勧めることが重要である。こういった
働きかけは，相談につながらない保護者への働きかけ方と共通するもの⁽⁴⁾
である。

［2］ 保護者自身の感情を受け止める

　カウンセリングにつながったとしても，連携・協働を深めるには，い
くつかの焦点がある。その1つが，SCが保護者自身の感情を受け止め
ることである。とくに，保護者のカウンセリングニーズが大きい場合に
は，子どもの言動について保護者は否定的な感情を抱えがちである。た
とえば，子どもが反抗して暴言を吐くことについて，保護者は「（子どもが）
ひどい」などと表現することがある。この「ひどい」は，感情ではなく，
子どもや子どもの暴言への評価である。そのため，SCが「ひどいですね」
などと応えることは望ましくない。家族である保護者が子どもを「ひど
い」と評価することはある程度許容されるが，他者であるSCが「ひど
い」と評価することは許されない。保護者を傷つける可能性もある。や
はり，「（そう言われて）つらかったですね」などと，保護者自身の感情を
受け止めるような言葉を添えることが大切になる。

また，保護者のコンサルテーションニーズに応えるかかわりのなかでも，担任などの教職員との三者関係を適切に保ちつつ，保護者の感情を受け止めることが求められる。たとえば，保護者が「担任の先生の……という対応が冷たかった」などと，担任から子どもへの働きかけについて否定的にコメントする場合がある。SC が担任の立場からその行動の説明をすることは，保護者の不安や孤立感を助長する可能性が高い。反対に，「それは冷たいですね」などと保護者の意見に同調すれば，担任との関係悪化につながる可能性がある。どちらにしても，三者関係のなかで，「敵か味方か」という関係に陥ってしまうのである。こういった場合，以上のどちらかの対応ではなく，保護者の感情に目を向け，受け止めるようにかかわっていく。「冷たい」というのは，「担任が冷たい」あるいは「担任の働きかけが冷たい」ということで，担任や担任の行動についての評価であり，保護者の感情ではない。そのような担任の働きかけによって，保護者は「悲しい」「悔しい」などの感情を抱いていると想像される。保護者のその感情を受け止めるように，「悲しかったですね」「悔しかったですね」などと言葉を添えることが大切であろう。このようなかかわり方によって，「敵か味方か」という関係に陥ることを避け，保護者の感情を支えることにつながる。

［3］ 学校への要望の奥にある願いに目を向ける

　保護者とのかかわりのなかでは，学校や担任の指導方法に対して具体的な要望が語られることも多い。たとえば，子どもの対人関係のトラブルについて，「相手の子どもを厳しく叱ってほしい」などという要望が保護者から SC に語られることがある。また，相手の子どもを出席停止にしたり転校させたりすることを求めてくる場合もある。
　その要望について適切か適切でないかを話し合うことは，保護者との

関係を不安定にする恐れがある。要望に対して否定的な判断をすることは，保護者にとっては自分自身を否定されたような感覚につながるからである。前述のような「敵か味方か」という関係に陥る可能性もある。したがって，現実的でない要望や逆効果と考えられる要望であっても，否定的な態度をとることには躊躇せざるを得ない。保護者との関係のもち方に悩む場面である。

　実は，こういった保護者からの要望は，方法や手段についての要望である場合がほとんどである。保護者は，その方法や手段を通して，子どもに何らかのよい変化が生じてほしいと願っている。つまり，重要なことは方法や手段ではなく，保護者の願いである「よい変化」である⁽⁶⁾。方法や手段が現実的でなかったり，不適切であったりする場合でも，よい変化を願う保護者の気持ちは受け入れられるはずである。また，よい変化の結果，つまり保護者の考えている目標も受け入れられる場合が多い。したがって，手段や方法に注目するのではなく，まずは保護者の願いや目指している目標に目を向け，共通理解をもつことが重要である。そのためには，たとえば「……という方法で，どんなよい変化が起きそうですか？」などと保護者に尋ねてみることが第一歩であろう。

　また反対に，保護者の要望や意見に対して SC として同意できる場合にも，注意が必要である。SC 個人が保護者のアイデアに同意していると保護者から受け止められた場合には，前述の「敵か味方か」という関係を助長する恐れがある。まずは，その考えの背景にある保護者の感情を受け止めることが基本である。そのうえで，SC としての専門的なアセスメントに基づき，そのアイデアに同意できる旨をわかりやすく説明することが求められるだろう。

　このようなかかわりは，「敵か味方か」という関係性ではなく，共通の目標に向かって協力する関係の構築に役立つと考えられ，保護者をパートナーとする援助チーム⁽²⁾につながるものである。

［4］子どもの考えや感情に目を向ける

保護者のコンサルテーションニーズに応える際には，子どもの考えや感情に目を向けることも大切となってくる。保護者は，子どもを育て，長時間一緒に過ごしている。そのため，保護者にとっては，子どもの考えや感情は自然に伝わってくる面が大きい。子どもが明確に意思表示しなくても，態度や表情から，保護者は子どもの考えや感情を読み取って日々の生活を送っている。日常生活のなかではこういったことはある意味自然なことであるが，子どもが問題状況に直面している場合には，親子の行き違いや考えのズレにつながる可能性がある。

たとえば，SCとの面接場面で，保護者が子どもの考えや感情について断言する場合がある。丁寧に聴いてみると，子どもが自分の言葉で語ったことによって，親にそれがわかったわけではないことがほとんどである。「うちの子は〇〇がイヤなんです」と保護者から語られた場合でも，子どもが実際に「〇〇がイヤだ」と話したとは限らない。保護者が子どもの様子をみて，そう判断したという場合が多い。保護者の受け止め方を否定するわけではないが，子どもの考えや感情をより丁寧に理解することが必要になる。

1つの方法として，「（子どもが）はっきりイヤだって言ってたんですね」などと，SCから投げかけることが考えられる。すると，保護者からは「そうは言ってないんですけど，イヤそうな様子なんです」などと語られることが多い。その場合，まずは，「明確に言うわけではないけれど，様子からそんなふうにわかるんですね」といったように，保護者の受け止め方を尊重することが大切であろう。そのうえで，「どんな気持ちなのか，くわしく聴けたら聴いてみたいですね」などと，子どもの考えや感情を丁寧に理解しようとする姿勢を促すことが求められる。

こういったやりとりは，保護者の捉え方と，子どもの考えや感情とを分けて取り扱おうとする試みであり，保護者と一緒に考える関係を保つことにつながる。また，担任を含めた三者関係の場合でも，子どもを第四の存在として共通に意識し，三者で協力する関係を維持することにつながるだろう。

第6章　文献

(1)　文部科学省中央教育審議会「チームとしての学校の在り方と今後の改善方策について（答申）」2015.（http://www.mext.go.jp/b_menu/shingi/chukyo/chukyo0/toushin/1365657.htm）

(2)　田村節子「子ども・保護者参加の援助チームの展開」水野治久，家近早苗，石隈利紀編『チーム学校での効果的な援助——学校心理学の最前線』pp.177-186, ナカニシヤ出版, 2018.

(3)　田村節子，石隈利紀「保護者はクライエントから子どもの援助のパートナーへとどのように変容するか——母親の手記の質的分析」『教育心理学研究』55: 438-450, 2007.

(4)　本田真大『援助要請のカウンセリング——「助けて」と言えない子どもと親への援助』金子書房, 2015.

(5)　小坂浩嗣，佐藤亨，末内佳代他「教師と保護者との連携に関する学校臨床心理学的考察——いわゆる『モンスターペアレント』との対応」『鳴門教育大学研究紀要』26: 160-170, 2011.

(6)　半田一郎『一瞬で良い変化を起こす10秒・30秒・3分カウンセリング——すべての教師とスクールカウンセラーのために』ほんの森出版, 2017.

「チーム学校」における
さまざまな連携

相樂直子
本田真大
山口豊一
田村節子
菅野和恵
渡邉素子

第7章

養護教諭と
スクールカウンセラーの
連携

相樂直子

養護教諭の職務と役割

　文部科学省が示す「チームとしての学校の在り方と今後の改善方策について」では，多職種による連携・協働が求められている。多職種連携・協働は，お互いの役割や専門性を知ることから始まる。ここでは，養護教諭の職務と役割についてみていく。

　養護教諭は，学校教育において「養護をつかさどる」と規定されている（学校教育法第37条）。養護教諭と同種の職種として欧米のスクールナース，韓国の保健教師などがあるが，「常勤」で，「教育職員」として子どもたちの「心身のケアと教育」を担うのは世界的にみて日本の養護教諭のみである。

　養護教諭の職務内容には，①保健管理，②保健教育，③健康相談，④保健室経営，⑤保健組織活動がある。いずれも，養護教諭が子どもたちの心身の健康面に関して，校内外の関係者と連携・協働し，ネットワークを活用して進める活動である。

さらに近年では，養護教諭が学校保健活動の推進にあたって中核的な役割を果たし，学校内外の連携を促進するコーディネーターとなることが求められている。今後は，養護教諭が「チーム学校」の方針のもと，多職種連携・協働を推進するキーパーソンの一人として機能することが期待される。

養護教諭が行う健康相談

養護教諭とスクールカウンセラー (SC) は，いずれもカウンセリングに関する知識やスキルを有し，子どもたちの相談に応じる専門職である。SC が子どもの心理面に焦点を当て相談面接（カウンセリング）を行うのに対して，養護教諭はこころとからだの両面から子どもの訴えを聴き，心身の健康面に働きかけるという特徴がある。

学校における健康相談は，特定の者だけではなく，関係者が連携して行う活動として位置づけられている。なかでも養護教諭が行う健康相談活動は，「養護教諭の職務の特質や保健室の機能を十分に生かし，児童・生徒の様々な訴えに対して常に心的な要因を念頭において，心身の健康観察，問題の背景の分析，解決のための支援，関係者との連携など，こころとからだの両面への対応を行う養護教諭固有の活動」と定義される。

以上の健康相談の枠組みから養護教諭の専門性を考えた場合，① ストレスが身体化しやすい子どもの特徴を踏まえた「アセスメント」，② 校内外の適切な資源につなぐ「コーディネーション」，③ 心身の健康面を中心に助言や支援を行う「コーディネーション」の3つが考えられる。チーム学校の推進に向けて，養護教諭と SC は，相談活動に対するスタンスや専門性の違いについて相互理解を図り，連携・協働することが必

要である。

養護教諭とスクールカウンセラーの連携・協働の意義

　チーム学校の実現に向けて，多職種による連携・協働の意義が問われている。なかでも，SC が専門性を発揮し，その役割を果たすには，養護教諭との連携・協働が 1 つの鍵を握ると考えられる。

　2017 年に施行された公認心理師法では，公認心理師の行為として 4 つの内容が示されている。要約すると，① アセスメント，② カウンセリング，③ コンサルテーション，④ 心の健康教育であり，これらは公認心理師資格をもつ SC に求められる役割ともいえる。したがって，今後の SC は，従来行われていたアセスメント，カウンセリング，コンサルテーションに加えて，心の健康教育が重要な役割の 1 つとなる。心の健康教育では，健康面の専門性をもつ養護教諭との連携・協働が欠かせないことはいうまでもないだろう。

　これまで，養護教諭と SC の連携といえば，支援ニーズの高い子どもの個別ケースに関して，情報を共有し，支援を行うことが中心であった。しかし今後は，個別のケースに限らず，心の健康教育などの開発的・予防的な活動に関しても連携・協働し，進めることが重要となるだろう。つまり，学校心理学でいう「3 段階の心理教育的援助サービス」における，三次的援助サービス（特別な教育ニーズをもつ特定の子どもに対するチーム援助）から，援助ニーズのある子どもの早期発見・早期支援を図る二次的援助サービス，子どもたちの基礎的なニーズに応じる一次的援助サービスへと活動の範囲を広げ，総合的な教育・支援活動を展開することが必要となる。

　以下，学校における養護教諭と SC の連携・協働の実際について，3

段階の心理教育的援助サービスの枠組みに沿って記述する。

養護教諭とスクールカウンセラーの連携・協働の実際 ①
一次的援助サービス：心の健康教育

［1］学校における心の健康教育の実践

　公認心理師法では，心の健康教育に関して，「心の健康に関する知識の普及を図るための教育及び情報の提供を行うこと」と示されている。この定義に沿って学校の教育活動を捉え直すと，複数の領域において，さまざまな場面を通して，心の健康教育が行われていることがわかる。

　学校における心の健康教育について，学校保健の「保健教育」の枠組みから整理すると，①各教科（体育科・保健体育科，道徳科など），②特別活動（学級・ホームルーム活動，学校行事，児童・生徒会活動など），③その他の活動，に分類できる。

　①各教科については，学習指導要領で実施する内容（単元）が示されている。たとえば小学校5・6年の体育科保健領域では「心の健康」，中学校の保健体育科保健分野では「心身の機能の発達と心の健康」，高等学校の保健体育科科目保健では「現代社会と健康」「生涯を通じる健康」の単元がある。具体的には，心と身体の関係，不安や悩み，ストレス対処などに関して，発達段階に応じた内容が組まれている。なかでも高等学校においては，平成30年度より「精神疾患の予防と回復」の項目が新設された。これに伴い，精神疾患に関する基本的な知識や対処法を学ぶ「メンタルヘルスリテラシー教育」の実践も始められている[6]。

　②特別活動については，子どもたちの実態や教育課題に応じた内容が

組まれ実施される。たとえば，学級活動やホームルーム活動では，同年代の子どもたちが抱える不安や悩みを共有し，対処方法について考える取り組みがある。周囲に助けを求める姿勢や態度（援助希求）についても触れ，クラスのなかに援助的な雰囲気を作ることも重要であろう。

関連する取り組みとして，文部科学省・厚生労働省が推進する自殺予防教育「SOS の出し方に関する教育」[7]がある。これは，担任が養護教諭や SC とティーム・ティーチングで実施することが推奨されており，特別活動の時間を活用して進めることも有効であろう。

児童会活動・生徒会活動の枠組みから，子ども自身が主体的に取り組むプログラムを検討することも重要である。たとえば，予防教育の１つであるピア・サポート実践がある。庄司ら[8]は，中学校でピア・サポート研修を行い，仲間をサポートしたり，仲間からサポートしてもらっている生徒のほうが自己肯定感が高く，メンタルヘルスの状態が好ましいことを報告している。

養護教諭と SC が生徒保健委員会と連携し，メンタルヘルスに関連する学習会を行った実践もある。相樂ら[9]は，A 高校において「心理学講習会」を実施し，生徒の知的好奇心を満たすテーマの設定や，積極探求型の学習機会の提供が，生徒のライフスキルの獲得に影響を与えることを示唆している。心理学講習会のテーマや内容については，養護教諭や SC が検討し設定されている[10]（表7-1→P.94）。

以上，心の健康教育に関する実践例を紹介したが，いずれも，養護教諭と SC が連携・協働し，心の健康教育を推進するキーパーソンとなることの有効性が示唆される。

［2］心の健康教育の実施に関する課題と展望

心の健康教育は一次的援助サービスとして欠かせないものであるが，

表7-1　A高校における心理学講習会の内容

テーマとタイトル	目標	主な内容
【学習・進路】 「やる気」の心理学 ――やる気がないってどういうこと？	・やる気（動機づけ）のメカニズムを理解する ・動機づけをコントロールできるようになる	・やる気（動機づけ）とはどのようなものか ・どういう状態を目指すか ・演習：動機づけのはかり方，コントロールの仕方
【プレッシャーや緊張】 プレッシャーと付き合おう ――プレッシャーに Say hello!	・プレッシャーを肯定的に捉え，コントロールする方法を学ぶ ・目標達成に向けたプレッシャーの活用方法を学ぶ	・リラクゼーショントレーニングの理論 ・本番で実力を出し切るための工夫（目標設定の方法など） ・演習：自律訓練法
【対人関係】 人見知りを克服しよう ――対人関係ゲーム入門編	・人と楽しむことで相手とよい関係を築くことを理解する ・人と楽しむことで相手への不安や緊張が軽減されることを学ぶ	・対人関係ゲームの理論（不安・緊張の逆制止とは，対人関係の自己効力感，賞と罰の感受性） ・演習：対人関係ゲーム（ひたすらジャンケン，新聞紙タワー，くまがり）
【恋愛】 縁結び神社へようこそ ――アイツとうまく付き合っちゃおう	・お互いを尊重した関係とは何かについて知る ・相手に気持ちをうまく伝える方法を学ぶ ・多くの人が抱える恋愛に関する悩みや疑問を知る	・なぜ人を好きになるか ・スタンバーグの恋愛を構成する3要素（フーテンの寅さんと釣りバカ日誌ハマちゃんの恋） ・恋愛Q&Aコーナー

今後より充実した実践を行うためにも，さらなる検討が必要である。以下，心の健康教育の充実に向けた課題・展望について3点を示す。

第一に，SCや養護教諭は，指導担当者へ心の健康に関する知識や情報の提供を行うことに加えて，今後は，関係者とともに心の健康プログ

ラムの策定を行うことである。養護教諭と SC が連携し，心の健康教育
について計画的・系統的な実践へとつなぐことが重要になるだろう。

　第二に，心の健康教育について，当事者である子どもが主体的に参画
できるプログラムを検討することである。子どもが心の健康課題を自分
ごととして捉えられるよう，養護教諭と SC，担任などが丁寧に検討し
工夫することが必要であろう。

　第三に，学習指導要領（特別活動）にも示されているように，心の健康
教育を進める際には，ガイダンスとカウンセリングの双方の視点を踏ま
えた活動を行うことである。たとえば，全体指導の後に，配慮が必要な
子どもについて個別にフォローアップを行うことも大切である。養護教
諭と SC がお互いの専門性や役割の違いを尊重しつつ，心の健康に関す
る指導・支援の充実を図ることが求められるだろう。

養護教諭とスクールカウンセラーの連携・協働の実際 ②
二次的援助サービス：早期発見・早期支援に向けた健康調査の実施

［1］保健調査，アンケートの実施

　学校では毎年，児童生徒の健康診断が実施されるが，その一環として，
保健調査や健康に関するアンケート調査が位置づけられている。子ども
たちの支援ニーズを早期にキャッチし，適切な支援につなぐためには，
このような健康面の調査を活用することが有効である。

　保健調査は，多くの学校が文部科学省や地方自治体が作成した「保健
調査票」を使用している。内容は，既往歴や健康状態，生活習慣，治療
中の病気やケガ，健康に関して学校に知らせておきたいことなどであり，

主に保護者が記入するフォームとなっている。健康面でリスクを抱えている子ども，配慮を要する子どもを把握し，個別の支援につなぐ，貴重な資料となる。

　一方，子ども自身が健康状態を振り返り，自分で記入するアンケート調査も行われている。内容は，地域や学校の健康課題に応じた項目が設定され，子どもたちが負担なく記入できるような工夫が大切である。図7-1は，B中学校において養護教諭とSCが作成し実施した「健康に関するアンケート調査」である。心身の健康状態に関する一般的な項目に加えて，学校や家庭の満足度に関する項目や，子どもの自助資源（強み）について記入する「好きなものコーナー」などのスペースが設けられている。

　保健調査やアンケート調査の結果を受けて，チェック項目が多い子どもや特記事項のある子どもを抽出し，個別のフォローアップを検討する。医療が必要な子どもに受診を勧めるのと同様に，調査結果をもとに，カウンセリングニーズが高い子どもをSCとの面接につなぐことができる。保健調査・アンケート調査は，保護者や子ども本人が直接記入するものであることから，当事者意識を喚起しつつ支援につなげることが重要であろう。

　いずれにしても，養護教諭とSCそして担任などが，連携・協働して調査を実施し，結果をもとに支援が必要な子どもを抽出し，個別の支援を組み立てることが求められる。

［2］緊急支援における「心と身体のアンケート」

　学校における事件，事故，自然災害などの緊急事態では，緊急支援が行われる。学校の緊急支援は，危機管理の枠組みから，危機対応チームが中心となって組織的に行われるものであるが，なかでも養護教諭と

図 7-1 　健康に関するアンケート調査

健 康 に 関 す る ア ン ケ ー ト 調 査

年　組・　番・氏名

　これは、あなたの健康の理解と増進のための調査です。下記の項目をよく読んで、あなたが最近、感じたり経験したことのある場合には「はい」のらん、ない場合には「いいえ」のらんに○印を付けてください。
　他人にもれることはありませんので、正確に記入してください。

1.	からだがだるくつかれやすい	はい	いいえ
2.	わけもなくゲリやベンピをしやすい	はい	いいえ
3.	よく頭がいたくなる	はい	いいえ
4.	よくねむれないことが多い	はい	いいえ
5.	食欲がない	はい	いいえ
6.	いらいらしやすい	はい	いいえ
7.	やる気がでない	はい	いいえ
8.	気分に波がありすぎる	はい	いいえ
9.	周囲の目が気になって困る	はい	いいえ
10.	気の合う友人があまりいない	はい	いいえ
11.	気が重くて学校に行くことがつらいことがある	はい	いいえ
12.	なやみを相談する相手がほしい	はい	いいえ
13.	わけもなく不安でたまらないことがある	はい	いいえ

14. 学校・クラス・友人関係に満足していますか？
    自分がはまりそうな位置（1 ヵ所）に○印を付けてください。

    ・どんなところが不満ですか？（または満足な点は？）教えてください。

15. 自分の家庭・家族に満足していますか？
    自分がはまりそうな位置（1 ヵ所）に○印を付けてください。

    ・どんなところが不満ですか？（または満足な点は？）教えてください。

何か気になっていること・相談したいことがあれば、具体的に内容を書いてください。
（上記の1～15までの問題で特に相談したいことがあればその番号を書いてください。）

上記の件で相談を希望しますか？　（　する　　しない　）
希望する先生・相談員は（　　　　　　　　　　　　　　　）
希望するのは（　男性　　女性　）の先生・相談員がいい

ご協力ありがとうございました。二つ折りにして友だちにも先生にも中が見えないようにして提出してください。回収には担任の先生が直接まわります。

〈時間のあまったあなたへ〉
どれでも好きなコーナーを選んで、好きなことを好きなだけ書いてください。

◇◇◇◇◇◇◇◇◇◇◇◇◇◇◇◇◇ 好きなものコーナー ◇◇◇◇◇◇◇◇◇◇◇◇◇◇◇◇◇

好きな食べ物は？

好きなテレビ番組は？

好きな歌手・グループは？

好きなタレントは？

好きなマンガは？

好きなことは？

◇◇◇◇◇◇◇◇◇◇◇ 保健室・相談室へのメッセージ・質問コーナー ◇◇◇◇◇◇◇◇◇◇◇

なんでもどうぞ……

◇◇◇◇◇◇◇◇◇◇◇◇◇◇◇ らくがき・なんでもコーナー ◇◇◇◇◇◇◇◇◇◇◇◇◇◇◇

イラストやマンガなど大歓迎

SCは，子どもたちの心のケアを進めるキーパーソンとなることが求められる。

心のケアについては，子どもたちの心身の状態に関するアセスメントを行うことが重要であり，心の危機に関連したアンケート調査の活用が有効である。⁽¹¹⁾アンケートの実施方法，結果のまとめ，支援の対象者と方法などは，危機対応チームで検討されるが，とくにSCや養護教諭は，専門的な視点から心のケアに関する助言を行うことが求められる。

図7-2は，C高校で緊急支援において活用したアンケート調査用紙である。当該学年の生徒全員に急性ストレス反応やPTSDなどに関する心理教育を行った後，調査用紙を配布し記入してもらった。回収後は，緊急支援チームで結果をまとめ，SCと養護教諭，担任などが連携し，個別の支援を行った。

養護教諭とスクールカウンセラーの連携・協働の実際 ③
三次的援助サービス：健康面に課題のある子どもの事例

ここでは，主に健康面に課題がある子ども，リスクの高い子どもの事例を紹介し，養護教諭とSCがどのように連携を図り，チーム支援が行われているのかをみていく。なお，事例については，個人が特定されないよう変更を加えて記述している。

［1］事例1：転校後，頭痛が続いた小学校5年生A男

◆ A男の様子と支援の経過
A男は，父親の転勤により，都心部から郊外にある小学校に転校と

図 7-2 緊急支援で活用したアンケート

○○学校　保健部

心と身体のアンケート

　今回、私たちにとってとてもつらい出来事が起こりました。このようなとき、私たちの心と身体の状態には、様々な反応があらわれることがあります。
　今のあなたの状態にあてはまるものがあれば、番号に○を付けてください。

1. よく眠れない
2. 食欲がない
3. 腹痛がある
4. 頭痛がある
5. こわい夢をみる
6. 気持ちが落ち込む
7. いらいらする
8. なかなか集中できない
9. 悲しくてやりきれない
10. 自分を責めてしまう
11. だれかに甘えたい
12. 学校で過ごすのが不安である

今の自分の気持ちや考えについて無理のない範囲でかいてください

担任の先生、保健室の先生、スクールカウンセラーの先生などに話したいことがありますか
（　ある　　どちらともいえない　　ない　）

年　　　組　　　番・氏名

なった。A男がクラスに転入してくると，クラスメートは声をかけたり，遊びに誘ったり，A男を受け入れている様子がみられた。A男は，周囲の働きかけに応じ，クラスでは明るく過ごしていた。

　2週間ほど経過すると，A男が登校前に腹痛を訴え，遅刻したり，保健室に来室したりするようになった。担任と養護教諭が情報を共有しながら様子をみたが，状況は改善せず，A男，母親，担任，養護教諭の4者で話をすることになった。A男は「体調が悪くても欠席したくない」「みんな優しくて，クラスで嫌なことはない」と話した。母親からは「小児科を受診したがとくに異常はなかった」「遅刻が続いているので勉強の遅れが心配だ」と話があった。話し合いの結果，A男は再度病院を受診し，SCが母親と定期的に面接を行うこととなった。

　間もなくA男は心療内科を受診し，主治医から，「環境の変化に慣れようと頑張りすぎている過剰適応の状態ではないか」と言われたとのことであった。母親とSCの面接では，母親がA男が登校できるよう家庭で励まし続けていたことや，母親自身が新しい環境に不安や戸惑いが大きいことについて話がなされた。一方，養護教諭，SC，担任による話し合いでは，担任から，A男は責任感が強く，クラスメートからさまざまな役割を任せられる状況であることについて話があった。A男には，無理のないペースで行うように声をかけたり，体調に応じて保健室での休養を促したり，クラスでの役割は周囲と調整を図る必要があることを確認し合った。

　その後，A男は時々欠席や遅刻をしたが，徐々に身体症状は落ち着いていった。母親もSCとの定期面接を続け，心理的に安定し，安心してA男にもかかわれるようになっていった。

◆転校後の学校生活を支える連携・チーム支援
　転校に伴う環境の変化に適応しようと頑張り続けていたストレスが身

体化し，遅刻や保健室来室といった形で表面化した事例である。変化に気づいた担任と養護教諭の情報共有から，SCや母親へと連携の輪を広げ，チーム支援につながっていった。

　転校は，新たな環境への適応を余儀なくされ，子どもや保護者にとってストレスが大きい出来事である。とくに子どもは，心身機能の未熟さから，ストレスが身体化しやすく，早期に援助ニーズのアセスメントを行い，チーム支援につなぐことが有効である。

　さらに，本事例のように，子どもを支える保護者についても，カウンセリングニーズを適切に捉え，子どもと同様にフォローアップをすることが必要である。

［2］事例2：受験ストレスから過呼吸を頻発する中学校3年生B子

◆ B子の様子と支援の経過

　B子は，「体育の授業中，息苦しくて動けなくなってしまった」と保健室に来室した。B子は，浅く早い呼吸を繰り返し，両手指のしびれとふらつきを訴えた。養護教諭は軽度の過呼吸と判断し，B子にゆっくり深呼吸するよう促すと，20分程度で正常呼吸となり授業に戻った。

　この日をきっかけに，B子は過呼吸を頻発し，保健室に来室することが続いた。担任から，B子の成績が低下していること，高校受験についてB子と保護者の意見が対立していることについて話があった。養護教諭は，B子が保健室に来室したタイミングで，B子の進路や学習に対する不安について尋ねた。するとB子は，「目標が定まらず勉強が手につかない」「最近は食事も食べられないし，眠れないことも多い」と話した。養護教諭は，B子の心身の状況が深刻であると捉え，B子にSCとの面接を勧めた。

　B子とSCの面接では，受験に対するストレスや不安・緊張場面での

リラクゼーションに焦点を当て，カウンセリングが進められた。また，担任と養護教諭が母親と面談を行い，学校におけるＢ子の心身の状態や，Ｂ子のペースで勉強を続けている様子を伝え，家庭でも高校受験についてＢ子と話し合ってほしいと依頼した。

その後，担任，Ｂ子，母親で進路に関する三者面談が行われ，母親からはＢ子の気持ちを尊重し志望校を決定したこと，Ｂ子からは安心して受験勉強に打ち込めていることについて話があった。次第にＢ子が過呼吸を起こすことは減り，学校でも落ち着いて生活している様子が見受けられた。

◆心身相関の視点を活かしたアセスメント，ケア

養護教諭が，過呼吸を頻発するＢ子の様子から問題状況の深刻さを察知し，SC，担任，保護者につないだケースである。養護教諭が過呼吸に関するＢ子の心身のケアや保健指導を行い，SC がＢ子の受験ストレスに関する定期的なカウンセリングを進め，担任がＢ子と保護者の高校受験に関する意見調整を行うという役割分担を図った。

ここでは，Ｂ子の受験ストレスの影響について適切にアセスメントをすることがポイントとなった。受験のストレスは誰もが抱えるものである。しかし，身体化や生活に支障を来すほど影響が大きい場合には，時機を逃さず，適切な支援を行っていくことが重要である。養護教諭とSC，担任等が連携することで，心身両面からより充実したケア・指導・支援の提供が行われると思われる。

［3］事例３：リストカットがある高校２年生女子Ｃ子

◆ Ｃ子の様子と支援の経過

Ｃ子は，人とかかわることが苦手であり，クラスでは一人で過ごすこ

とが多かった。学習意欲が高く，昼休みなどは図書室で勉強をしていることもあった。しかし，夏休み明けから，C子が授業中にぼーっとしていたり，提出物が未提出のままであることが目立つようになった。担任がC子と面談を行ったところ，C子から「勉強が手につかない」と話があった。担任は，C子が度々保健室を利用していたことから，養護教諭にC子と話をするように依頼をした。

　保健室に来室したC子は，表情が暗く，心身ともに不安定な様子がうかがえた。養護教諭が手元に目をやると，リストカットの傷跡がみられた。C子から，「イライラして自分で傷つけてしまった」「心療内科を受診したが，気が向かず受診をやめてしまった」と話があった。さらに話を聴いていくと，C子は「話すことが苦手でクラスに友人がいない」「授業のグループワークで発言できず苦痛である」など，対人コミュニケーションに関する悩みを抱えていることがわかった。

　C子が悩んでいることについて，「SCに協力してもらいながら一緒に考えていこう」と養護教諭が伝えると，C子が同意したため，C子，養護教諭，SCによる面接を行うことになった。

　初回の面接では，C子が自分の言葉で悩みの内容について話をすることができ，さらに，「将来のためにも，相手とうまく話せるようになりたい」と発言があった。C子の言葉を受けて，2回目以降のSCの面接では，コミュニケーションスキルの獲得を目標の1つとし，ソーシャルスキルトレーニングを入れたC子のカウンセリングが継続された。

　養護教諭が自傷行為を含め心身の健康面について，担任が学習面やクラスでの対人関係について，注意深く観察していった。保護者には，担任が定期的に連絡を入れ，学校と家庭でのC子の様子について共有していった。C子は，心身ともに安定し，授業にも集中して取り組む姿がみられるようになった。

◆子どもの主体性を尊重した支援の重要性

　本事例では，担任からの依頼で養護教諭がC子と面接を行い，C子のリストカットや対人面の悩みについて把握がなされた。C子の状況からSCにつなぐ緊急性は高いと判断されたが，C子が心療内科の受診を中断していることから，カウンセリングへの不安や抵抗感に配慮し，初回面接は養護教諭，SC，C子の三者で行われていた。ここでは，C子がコミュニケーションスキルを獲得したいという意思を伝えることができ，SCとの面接における目標設定にもつながっていた。

　このように，子どもの支援ニーズに応じて，柔軟にカウンセリングの場面設定を行い，支援することが必要である。

おわりに

　本章では，「チーム学校」で求められる多職種連携・協働について，養護教諭とSCの連携・協働に着目し，その必要性・重要性を述べた。

　前述したが，養護教諭とSCの連携は，特別な援助ニーズのある個別ケースに関するもの（三次的援助サービス）だけではなく，潜在的な援助ニーズをもつ子どもの早期発見・早期援助（二次的援助サービス），心の健康教育など子どもたち全体の教育ニーズに応じる活動（一次的援助サービス）など，幅広く求められている。いわば，点と点をつなぐ個々の「連携」に加えて，多職種が共通の目的に向けて，相互の専門性を活かした活動を展開する「協働」の概念が問われているといえるだろう。

　養護教諭とSCの連携・協働が，「チーム学校」の組織的な取り組みを促進し，子どもたちの豊かな支援につながることを期待したい。

(1) 文部科学省中央教育審議会「チームとしての学校の在り方と今後の改善方策について（答申）」2015.（http://www.mext.go.jp/b_menu/shingi/chukyo/chukyo0/toushin/1365657.htm）

(2) 財団法人日本学校保健会「学校保健の課題とその対応——養護教諭の職務等に関する調査結果から」2012.（https://www.gakkohoken.jp/book/ebook/ebook_H230040/data/102/src/102.pdf）

(3) 文部科学省「教職員のための子どもの健康相談及び保健指導の手引」2011.（https://www.mext.go.ja/a_menu/kenko/hoken/__icsFiles/afieldfile/2013/10/02/1309933_01_1.pdf）

(4) 日本養護教諭教育学会『養護教諭の専門領域に関する用語の解説集 第2版』2012.

(5) 石隈利紀『学校心理学——教師・スクールカウンセラー・保護者のチームによる心理教育的援助サービス』誠信書房, 1999.

(6) 相樂直子, 五味祐子「高校におけるメンタルヘルスリテラシー教育に関する検討」『日本学校心理学会第21回大会抄録集』p.75, 2019.

(7) 文部科学省・厚生労働省「児童生徒の自殺予防に向けた困難な事態, 強い心理的負担を受けた場合などにおける対処の仕方を身につける等のための教育の推進について（通知）」2018.

(8) 庄司一子, 江角周子「中学生におけるピア・サポート研修の効果と相互サポート効果の検討」『日本教育心理学会総会発表論文集』55: 254, 2013.

(9) 相樂直子, 下山晃司, 石隈利紀「高校生を対象とした心理学講習会の実践と効果について——一次的援助サービスの充実を図るプログラムの検討」『日本学校心理学会第9回大会発表抄録集』p.26, 2008.

(10) 相樂直子『ライフスキルを高める心理教育——高校・サポート校・特別支援学校での実践』pp.144-150, 金子書房, 2007.

(11) 瀧野揚三「学校危機への対応——予防と介入」『教育心理学年報』45: 162-175, 2006.

第8章

いじめ予防の心理教育
—— SNS・ネットいじめと 援助要請を中心とした実践

本田真大

いじめといじめ予防（未然防止）の捉え方

［1］ いじめといじめ予防（未然防止）

　いじめ防止対策推進法の第2条において，いじめは「児童等に対して，当該児童等が在籍する学校に在籍している等当該児童等と一定の人的関係にある他の児童等が行う心理的または物理的な影響を与える行為（インターネットを通じて行われるものを含む。）であって，当該行為の対象となった児童等が心身の苦痛を感じているものをいう」と定義されている。具体的ないじめの態様として，「いじめの防止等のための基本的な方針[1]」では，「冷やかしやからかい，悪口や脅し文句，嫌なことを言われる」「仲間はずれ，集団による無視をされる」「軽くぶつかられたり，遊ぶふりをして叩かれたり，蹴られたりする」「ひどくぶつかられたり，叩かれたり，蹴られたりする」「金品をたかられる」「金品を隠されたり，盗まれたり，壊されたり，捨てられたりする」「嫌なことや恥ずかしいこと，

危険なことをされたり，させられたりする」「パソコンや携帯電話等で，誹謗中傷や嫌なことをされる」といったものが挙げられている。また，いじめはどの子ども，どの学校でも起こりうることを踏まえ，すべての児童生徒を対象としたいじめの未然防止の観点が重要であるとされている。

　いじめの定義にはさまざまなものが含まれるため，予防を考えるうえでは，いじめのプロセスモデル⁽²⁾を念頭に置くとよい。戸田ら⁽²⁾は従来のいじめ定義の問題点として，逮捕者が出るような深刻なケースも「犯罪」と呼ばずに「いじめ」と呼んできたこと，初期段階のものを「いじめ」と呼ぶことでいじめの定義とすれ違う恐れがあることを指摘する。そのうえで，いじめの初期段階を「いじめの芽」とし，それが継続することで「いじめ」になり，さらに深刻化することで「いじめ犯罪」になると捉える。そして「いじめ」を，「いじめる側の集団化といじめられる側の無力化が一定程度すすんだ状態」とする。さらに，「いじめの芽」と「いじめ」の間（いじめられる側が無力化していない状態）であれば予防的な対応の効果が見込まれ，「いじめ」と「いじめ犯罪」の間（いじめられる側が無力化した状態）では個別的な援助が必須になると考える。このモデルは，「いじめ」の定義に含まれうるさまざまな状況を整理して捉え，必要な対応（予防的な援助か，個別的な援助か）の方向性を判断する際の参考になるであろう。

［2］スクールカウンセラーと教師の協働による心理教育

　本田⁽³⁾は，スクールカウンセラー（SC）が学校教師とよりよく協働して心理教育を行うには，スタート（学級集団の実態）とゴール（担任教師の学級経営の目標や子どもたちへの願い）を共有し，適切なアプローチ（心理教育プログラム）を選択したうえでカスタマイズ（学級集団の実態や，とくにニーズの高い

子どもに合わせた微修正）を行い，具体的な方法を提案するというプロセスが重要であるとしている。いじめ予防を目的とした心理教育のプログラムとして選択しうるアプローチにはさまざまなものがある。SCは最新のいじめ予防の心理教育を学びながら学校のニーズをアセスメントし，適切なアプローチを提案できるように研鑽を積むことが欠かせない。

　なお，「いじめ犯罪」にあたるようなより深刻な状況では，警察などの学校外の機関との連携が必要になることもある。また，子どもの生命，心身または財産に重大な被害があった場合（児童生徒が自殺を企図した場合，身体に重大な傷害を負った場合，金品等に重大な被害を被った場合，精神性の疾患を発症した場合など）には，重大事態として調査が行われることもあり，SCはいじめ発生後の学校内外の動きについても把握しておくことが不可欠である。

［3］ いじめ予防の心理教育

　いじめ及びいじめ予防の心理教育を考えるうえで，いじめの4層構造[(4)]の理解が欠かせない。4層構造とは，いじめ集団の基本的な構造として，「加害者」（いじめっ子）と「被害者」（いじめられっ子）に加えて，「観衆」（いじめをはやしたて面白がって見ている子どもたち），「傍観者」（見て見ぬふりをしている子どもたち）という4者の立場があるとする考え方である。「観衆」と「傍観者」はいつでも「被害者」にまわる可能性があり，また「加害者」も「被害者」に取り入れられる可能性を含み，「被害者」が「加害者」側にまわることもある。これらの立場の入れ替わりが，「被害者」に陥ることへの不安感情を学級集団のなかに蔓延させ，誰もがいじめがあったことを教師に知らせようとしない雰囲気が醸成されると考えられる。

　ここでは，近年のいじめ傍観者の行動変容を目指した心理教育プログラムを紹介する。阿部らは[(5)]，脱・傍観者の視点を取り入れたいじめ防止

授業プログラム「私たちの選択肢」を開発している。これは、いじめの観衆や傍観者がいじめを止める行動をとれるようになることを目的としたプログラムであり、動画を視聴したうえで学級全員で傍観者としての行動を選択し、その選択割合（傍観者のなかの多数派の行動）によって動画の結末が変わるように工夫されている。

中村ら⁽⁶⁾は、中学生を対象にしたいじめ抑止を目的とする心理教育プログラムを開発している。このプログラムは教師と SC が一緒に行うもので、授業1回分で実施される。内容は、まずいじめを許さない学校作りの重要性と、いかなるいじめも容認されないことの2点に関する心理教育(教師が担当し、5〜10分程度の話をする)を行う。次に、架空のいじめ場面(無視、悪口、ばい菌扱いなど)において、自分がいたらとることができる行動を発表してもらい、書き出す（被害者に話しかける、慰める、誰かと一緒に止めに入るなど）。そして、これらの意見のなかから方法を選び、いじめを止める役をやりたい生徒を募ってロールプレイを実施する。最後に、不快な気持ちになった生徒は教師や SC に相談するよう勧めるという配慮を行っている。

SNS・ネットいじめの予防

［1］ SNS・ネットいじめやトラブル

文部科学省⁽⁷⁾による情報活用能力調査 (2016年) における、中学生の不正請求被害に関する調査結果を見ると、不正請求の被害にあったときの対処として、5つの選択肢（「このメールに返信する」「保護者に相談をする」「問い合わせ先に電話して、抗議する」「入金後、URL から退会手続きをする」「消費生活セン

ターに問合わせをする」）のなかから適切な選択肢のみ（「保護者に相談をする」「消費生活センターに問合わせをする」）を選んだ生徒は 21.2％であった。よって，SNS やネットでのトラブルに遭遇したときの適切な対処方法を正しく認識できるような情報教育の必要性は高いといえるだろう。

　一方で，たとえ適切な選択肢を選んだとしても，実際に保護者に相談したり消費生活センターに問い合わせをしたりすることに抵抗を感じる場合があるかもしれない。中学生であれば，「親に相談したら叱られる，スマホを取り上げられる」と心配して相談しにくいかもしれない。また，竹内はネットいじめについて相談しない心理として，大人が「暴走するから」相談できない可能性を指摘している。子どもの相談を受けたときには，相談したこと自体に感謝し，まずは話を聴くこと，加害者・被害者などへの具体的な指導方法は被害者にも確認する（してほしくないことはしない）こと，そして，相談しやすくなるように日頃から「すべての指導はみんなと相談しながら進める」と宣言しておくことが重要であるという。このような点から，SNS・ネットいじめやトラブルの予防や発生後の対処能力の向上においては，情報教育とソーシャルスキルの両方が必要であり，さらに相談できる力を高めることも重要であると考えられる。

［2］SNS・ネットいじめやトラブルへの心理教育

　竹内は予防の取り組みに含めたいこととして，冷静に事実を伝えること（怖がらせたりきつい言葉を使ったりする必要はない），相談するように被害者に訴えること（「こういう書き込みをされたらいつでも言って下さい。警察と協力したら，罪に問うことも可能です」と被害者に訴えかける），ネットで逮捕されることが多い理由を伝えること（携帯会社等には書き込みが残るため，警察に被害届が出た場合，証拠としてみることが可能であること），ネットでの匿名は不可能であると伝え

ること，の4点を挙げている。SNS・ネットいじめやトラブルへの心
理教育のプログラムはいまだ少なく，学校の実態に合わせて作成する際
にはこれらの点を踏まえることが重要となるであろう。

［3］ SNS・ネットいじめやトラブル予防の心理教育

朝日ら[10]は，2つの集団認知行動療法に基づく実践を紹介している。第
一の実践は高校生を対象とし，「メールでの人間関係を上手に作るため
のトレーニング」としての認知再構成法を用いた実践（50分1回）である。
「友人にメールをしたが返信がない状況」と，その後に「自分は周囲か
ら嫌われているのではないかと感じる状況」を用意し，「メールの返信
がないことについて，どのように思うのか」についてグループ内でブレ
インストーミングを実施し，考えられる状況や考え（認知）をできるだ
け多く出してもらった。その後，被害感情を抱いているXさんに対して
自分ができる行動と，Xさんが被害的に捉えた場合の対処方法について
話し合いを行っている。

第二の実践は，ネットいじめ傍観者を想定した問題解決スキルトレー
ニングである。問題解決スキルとは，唯一の正解がないような日常的
な問題状況（人間関係上の葛藤など）において適切な対処方法を考えて実行
し，その結果を振り返りながら必要に応じて次の対処を考えるという一
連の認知・行動的スキルであり，問題解決のステップ自体の習得を目的
とするものである[11][12][13]。本実践では高校生を対象に，「教室での些細な陰口
がエスカレートしてネットいじめや教室での無視につながった高校生の
事例」を提示し，「自分がネットいじめの傍観者になった」と想定して，
問題解決スキルの6つのステップ（図8-1）に沿ってグループを編成し活
動した（50分2回）。問題状況を「クラスの人がネット上にYさんの悪口
を書いたり学校で無視したりしており，自分は参加していないが止めも

図8-1　問題解決スキル（文献11, 13をもとに作成）

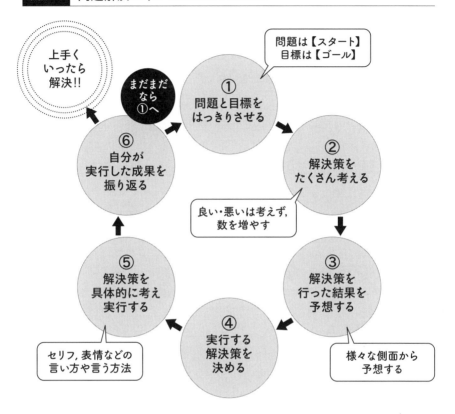

していない」，目標は「自分にとってできるだけ安全に，Yさんを助けたい」と設定し，目標達成のための具体的な解決方法をブレインストーミングで考えた。その後，案出された解決方法のなかから4つを選択し，実行した場合に予想される結果や実行可能性などの点から各解決方法を比較・検討し，最終的に行う解決方法を1つ選択した。最後に，選択した方法をより具体的に（言い方，Yさんやいじめ加害者に話しかけるタイミング，声の大きさなど）ワークシートに記述した。最終的な解決策として，Y

さんへの働きかけ（Yさんが一人でいるときに心配そうな顔をしながら「最近元気がないみたいだけど何かあった？　相談に乗るよ」と言う，挨拶と一緒に自然に話しかけて「宿題やった？」「ノート見る？」と会話をつないでいくなど），クラスへの働きかけ（普段の会話でさりげなく「いじめって良くないよねー」と言うなど），教師への相談（放課後にみんなが帰った後に先生に相談する，先生に「クラス全員が仲良くいじめのないクラスにしよう」と言ってもらうなど），が多く挙げられた。

　前者の実践はSNS・ネット上の問題状況に直面したときの心理（認知・行動・感情）を直接扱うものであり，後者の実践はネット・SNS上のいじめと学校場面のいじめが複合している事例での傍観者としての振る舞い方を扱う点に特徴がある。

いじめを相談しない心理（援助要請の心理）

［1］相談をしない心理

　いじめが起きたときに被害者や傍観者が相談できることは重要であるが，現実には相談しない心理が働く。いじめ被害者の相談については，「平成30年度児童生徒の問題行動・不登校等生徒指導上の諸課題に関する調査結果について[(14)]」というデータがある。それによれば，小学校，中学校，高等学校，特別支援学校の多くの児童生徒が「学級担任に相談」している一方で（小：81.7%，中：75.6%，高：66.2%，特：74.7%），「誰にも相談していない」児童生徒が5.6%いることが明らかになっている（小：5.4%，中：5.5%，高：10.6%，特：10.5%）。東京都教職員研修センターの調査で傍観者に該当する，いじめを見聞きしたことがあった児童生徒[(15)]（小：1951名〔52.4%〕，中：1471名〔44.6%〕，高：591名〔24.2%〕，特：68名〔35.4%〕）のうち，「誰かに

相談した」と回答した児童生徒は2～3割であり（小:24.2%, 中:20.5%, 高:20.4%, 特:30.9%），傍観者がいじめを相談することは少ないようである。これらの調査結果が示すように，いじめの被害や傍観といった事態においても，相談しない子どもたちが一定数存在している。

　自分一人で解決できないことを他者に頼んだり，悩みごとを誰かに相談したりする心理は援助要請（help-seeking）と呼ばれる。援助要請の研究では，相談の難しさは「相談をしない（過少性）」「相談しすぎる（過剰性）」「相談がうまくない（非機能性）」の3点から研究されている。いじめを考えるうえでとくに重要なのは，相談をしない心理であろう。「相談をしない」（過少性）状態とは，本人にニーズがある（と周りの人は思っている）にもかかわらずみずから相談しない状態であり，大きくは「困っていない（から相談しない）」「助けてほしいと思わない（から相談しない）」「『助けて』と言えない（から相談しない）」の3つの心理状態に分類される。これらの状態の対象者への援助の目標は，必要なときに相談できる力を高めることである。

［2］ 援助要請に焦点を当てたカウンセリング

　本田[16]による，援助要請しない3つの心理状態に基づくいじめ予防の心理教育プログラム（援助要請に焦点を当てたカウンセリング）を紹介する。援助要請に焦点を当てたカウンセリングによる心理教育の目的は，相談しないさまざまな心理状態に働きかけて，いじめに困ったときに相談できる力を高めることである。

　まず，「困っていない（から相談しない）」心理へのアプローチとして，「『いじめ』かどうか迷う場面」[17]（図8-2→P.118）をもとに，「いじめ」「ふざけ」といった各自の判断理由を話し合う活動がある。同じ状況を見ても「ふざけているだけ」と思えば深刻には考えず，相談しないであろうが，人

図8-2 「『いじめ』かどうか迷う場面」の例（文献17をもとに作成）

仲の良いＡさん，Ｂさん，Ｃさん，Ｄさんがいます。Ａさんはからさんは自分の嫌なところをバカにしたあだ名で呼ばれていますが，Ａさんは言われても嫌な顔をせず，笑っています。

次第にクラスのみんながＡさんをそのあだ名で呼ぶようになりました。Ｂさん，Ｃさん，Ｄさんはさんの様子を見て面白がっています。

ふざけ　けんか　いじり　いじめ

によっては「いじめだ」と考えるのだと気づくことで，自分の認識の仕方を変えていく（「私はふざけているだけだと思うけど，いじめと思う人がいるかもしれない」）ことを目指す。いじめ被害者はつらいときにも笑顔を見せるなど，自分がいじめられていることを否定するようなしぐさや言動を見せることがあり，この活動では傍観者の立場でいじめへの気づきを高めることを目的としている。

　次に，「助けてほしいと思わない（から相談しない）」心理へのアプローチとして「相談相手に求めるもの」を考えて話し合う活動がある。まず，事前にいじめ被害時に相談したい人の特徴を考える活動を行い，集計して５つ程度にまとめる[17]（図8-3）。この結果を授業冒頭で紹介し，「あなたの周りにすべての特徴をもった人がいればよいですが，いつもいるとは限りません。では，自分はどの特徴を優先するか，まずは話し合わずに

図 8-3 「相談相手に求めるもの」の例（文献17をもとに作成）

もしあなたが，学校でのいじめの被害者になったとしたら，どんな人に相談したいですか？

特徴	説明
受容	話を聞いて気持ちを分かってくれる人
秘密	秘密を守ってくれる人
解決	解決しようと動いてくれる人
経験	自分と似た経験をしている人
専門	いじめの相談を専門としている人

自分の順位をつけて，その順位にした理由を書きましょう。後で話し合いに使います」と促して自分なりに順位づけをする。その後にグループで話し合って，グループの順位を決める。話し合いの際には，「『少数意見は無視してよい』という考え方はいじめにつながるため，多数決で決めず，少数意見も理由を聞いて話し合うこと」「自分の意見を押しつけたり，人の意見を『間違いだ』と決めつけたりせず，自分の意見を言ったら他の人にもどう思うか聞くこと」という2点を確認する。この実践では，グループで決めた順位よりも，決めるプロセスで合意を形成するコミュニケーション自体に意味がある。言い換えれば，相談したい人の特徴について話し合うなかで自己理解と他者理解を深めると同時に，いじめと両立しない話し合い方（少数意見も大切にする，自分の意見を押しつけず相手に聞くなど）も練習するのである。

　最後に，「『助けて』と言えない（から相談しない）」心理へのアプローチとして，「相談を迷う気持ち」について話し合う活動がある。いじめ被

害やいじめ傍観の場面を提示し，相談の期待感（相談するとよいこと）と抵抗感（相談すると心配なこと）を考えて他者と話し合う。この過程で，自分では気づけなかったさまざまな期待感と抵抗感に気づくことができる。そのうえで，自分だったら相談するかどうかを選択する。「相談する」を選択した人は「具体的な相談の仕方（いつ，どこで，誰に，どのような言い方で）」を書き，「相談しない」を選択した人は「相談しない代わりにすること」を書く。前者では具体的な相談の仕方（ソーシャルスキル）を知ることができるために，「その方法なら自分も相談できるかもしれない」と思えるようになることが期待される。後者では相談以外の対処方法が多く挙げられるため，相談に抵抗感が強い生徒であっても自分でできる対処方法が増えることが期待される。

［3］心理教育実践後を見据えたスクールカウンセラーの役割

　学校の限られた時間のなかで実施したいじめ予防の心理教育をそのとき限りの体験で終わらせるのではなく，実践後の日常生活にも子どもの体験が活かさせるような指導・援助の工夫を加えたい。たとえば「『いじめ』かどうか迷う場面」を特定の学級・学年で実施した後，今度は児童会・生徒会の子どもが中心となって場面をいくつか考え，全校児童生徒にアンケートを取り，自分たちの学校のいじめの認識について調査し全校児童生徒に報告することで，いじめへの気づきを高めるという実践に発展させることができる。これは教師やSCによるいじめ予防の実践が，今度は子どもたち主体のいじめ予防の活動として発展する1つの流れである。また，「相談相手に求めるもの」の活動後に回収した個人のワークシートからは，一人ひとりの子どもが相談相手に求める特徴が把握できる。この活動を教育相談週間の前の時期に実施し，子どもが相談したい相手の特徴を意識しながら教育相談週間内に個別の面談を行うとよい

であろう。この方法は子どもに相談を促すのみでなく，担任教師が子どもにとって相談しやすい先生になることを目指す方法ともいえる。さらに，「相談を迷う気持ち」の実践後に回収した個人のワークシートで「相談しない」を選択し，具体的な対処方法が回避的なもの（誰とも会話しない，家にこもるなど）ばかりの子どもは，いじめ被害時に孤立しやすいハイリスクの子どもであると考えられる。SC は子どものワークシートを見ながらハイリスクと思われる子どものシートに付箋を貼って教師に渡すなど，ワークシートからのアセスメントの視点，及びその視点から抽出した心配な子どもを伝えるとよい。

　チーム学校のなかでの SC の役割として，ただ単にいじめ予防の心理教育を教師と一緒に行うのみではなく，その後の実践の活かし方までを見据えて教師と協働することを強調したい。

いじめ予防の心理教育の課題

　本章では，いじめの実態と，SNS・ネットいじめと援助要請に関する具体的な心理教育プログラムを紹介した。ここでは大きく 2 つの課題を指摘する。

　まず，いじめ予防の心理教育の効果を評価する方法である。いじめの認知件数を指標にしたいところではあるが，予防効果があった場合に，いじめが生じにくくなる（認知件数の減少）ことと，いじめに敏感に気づいて報告されるようになる（認知件数の増加）ことの両方が考えられ，認知件数を効果測定の指標にはしにくい。さまざまな心理教育で共通して使用できる指標や心理尺度の開発が望まれるとともに，SC がいじめ予防の心理教育を教師と協働して行う際には，予防の効果をどのように検

証するか十分吟味する必要がある。

　そして，海外では国レベルの大規模ないじめ予防の取り組みが行われているが（ノルウェーのオルヴェウスいじめ予防プログラム，フィンランドの KiVa など），わが国ではほとんどが単発の実践で，縦断的な効果検証がされていない。SC がいじめ予防の心理教育を作成する際には，子どもの発達段階に加えて，子どもたちが過去に受講したいじめ予防の心理教育の内容を可能な限り把握し，その連続性を考慮した心理教育プログラムを作成することが期待される。そのためには，勤務校の校区にある小・中学校や高校の教職員，SC との連携や情報交流が求められよう。

(1)　文部科学省「いじめの防止等のための基本的な方針」2013（最終改定平成29年3月14日）. (https://www.mext.go.jp/component/a_menu/education/detail/__icsFiles/afieldfile/2019/06/26/1400030_007.pdf)

(2)　戸田有一, ダグマー＝ストロマイヤ, クリスティアーナ＝スピール「人をおいつめるいじめ——集団化と無力化のプロセス」加藤司, 谷口弘一編『対人関係のダークサイド』pp.117-131, 北大路書房, 2008.

(3)　本田真大「特別支援教育における教師とスクールカウンセラーとの協働」『指導と評価』61: 36-38, 2015.

(4)　森田洋司, 清永賢二『いじめ——教室の病 新訂版』金子書房, 1994.

(5)　阿部学, 藤川大祐, 山本恭輔他「脱・傍観者の視点を取り入れたいじめ防止授業プログラムの開発——選択と分岐を取り入れた動画教材を用いて」『コンピュータ＆エデュケーション』45: 67-72, 2018.

(6)　中村玲子, 越川房子「中学校におけるいじめ抑止を目的とした心理教育的プログラムの開発とその効果の検討」『教育心理学研究』62: 129-142, 2014.

(7)　文部科学省「情報活用能力調査結果（別冊）公表問題の結果と解説」2016. (https://www.mext.go.jp/component/a_menu/education/detail/__icsFiles/afieldfile/2015/03/24/1356189_06_1.pdf)

(8)　竹内和雄『家庭や学級で語り合うスマホ時代のリスクとスキル——スマホの先の不幸をブロックするために』北大路書房, 2014.

(9)　竹内和雄『スマホ時代に対応する生徒指導・教育相談——スマホやネットが苦手でも指導で迷わない！』ほんの森出版, 2014.

(10)　朝日真奈, 小坂浩嗣, 本田真大「ネットいじめと自殺予防教育」『精神科治療学』30: 529-534, 2015.

(11)　江村里奈「トラブルの解決策を考えよう」相川充，佐藤正二編『実践！ソーシャルスキル教育 中学校——対人関係能力を育てる授業の最前線』pp.78-79, 図書文化社，2006.

(12)　石川信一『子どもの不安と抑うつに対する認知行動療法——理論と実践』金子書房，2013.

(13)　嶋田洋徳，坂井秀敏，菅野純他『中学・高校で使える人間関係スキルアップ・ワークシート——ストレスマネジメント教育で不登校生徒も変わった！』学事出版，2010.

(14)　文部科学省初等中等教育局児童生徒課「平成30年度児童生徒の問題行動・不登校等生徒指導上の諸課題に関する調査結果について」2019.（https://www.mext.go.jp/component/a_menu/education/detail/__icsFiles/afieldfile/2019/10/25/1412082-30.pdf）

(15)　東京都教職員研修センター「いじめ問題に関する研究報告書」2014.（http://www.metro.tokyo.jp/INET/CHOUSA/2014/02/60o2d100.htm）

(16)　本田真大『いじめに対する援助要請のカウンセリング——「助けて」が言える子ども，「助けて」に気づける援助者になるために』金子書房，2017.

(17)　本田真大「相談できる力（SOSが出せる力）を育てる——援助要請に焦点を当てたカウンセリング 11　相談（援助要請）できる力を育成する年間計画」『月刊学校教育相談』34: 48-51, 2020.

(18)　杉本希映，青山郁子，飯田順子他「小学校・中学校・高校で受けてきた心理教育の頻度および有効度の認知——いじめに関する心理教育の影響に着目して」『カウンセリング研究』50: 143-151, 2017.

第9章

学校マネジメントにおけるスクールカウンセラーと教師の連携

山口豊一

「チームとしての学校」の必要性

　現在，わが国の学校現場では，いじめや不登校，暴力行為などが増加している。さらに，近年では発達障害に対する注目が高まっている。発達障害または発達障害傾向を有する特別な支援を必要とする児童生徒が増加し，学校現場における課題が複雑化・多様化している。しかし，その課題に向き合う教師は，教科指導から生徒指導，部活動指導など幅広い業務を担っているため，十分に対応することが難しい状況にある。さらに，教師の専門性だけでは対応に苦慮したり，学級担任による個別の取り組みでは十分な対応ができなかったりする実情がある。

　このため，教師と心理職をはじめとする多様な専門職が，それぞれの専門性を活かし，連携・協働して問題の解決に取り組む「チームとしての学校（チーム学校）」の推進が求められている。教師の専門性の向上を図るだけでなく，教師と多様な専門スタッフ（スクールカウンセラー〔SC〕やスクールソーシャルワーカー〔SSW〕など）とでさまざまな業務を分担し，チー

ムとして連携して職務を担う体制を整備することで，学校の教育力・組織力を向上させ，一人ひとりの児童生徒の状況に応じた教育を実現することが望ましい。この「チーム学校」により，多様な専門職が責任をもって学校組織に参画するようになり，教師は教科指導や生徒指導により注力できるようになると考えられる。

　チーム学校の実現は，学校組織の拡大を意味する。そのため，従来は主として教員のみを管理することを想定したマネジメントを行っていた学校における管理職は，多様な専門スタッフを含めた学校組織全体を効果的に運営するための学校マネジメントを行う必要が出てきた。本章では，学校マネジメントを「学校における援助サービスが学校教育目標の達成のためにより促進的に保たれるよう組織を経営し処理するプロセス」と定義する。生徒指導（教育相談）においても，その援助サービスのマネジメント機能を十分に発揮するためには，学校が一体となって対応することができる校内体制を構築・整備することが必要であり，何よりも教育相談に対する教師一人ひとりの意識を高めていくことが重要である。

教師のイラショナルビリーフ

　チーム学校の必要性が高まる一方で，その実現を図ることは容易ではない。とくに小学校は，「学級王国」とも呼ばれるように，学級担任制という形で組織が構造化されているため，教師が苦戦しても，みずから「助けて」「協力して」と言わない限り誰からも助けてもらえない，孤立しやすいシステムであるといわれている。それにより，教師は「人の援助は受けるべきではない」「学級の子どもは私が全責任をもつべきであ

る」「私がいないと子どもの人生はダメになる」という3つの典型的なイラショナルビリーフ（不合理な信念）をもつとされる。(8)

　さらに，小学校の学級担任は，学級内で起こった問題の原因をすべて自分の責任であると考える「抱え込み」傾向が強い。(9)他の教師や管理職，SCなどに援助を求めることは，学級担任の問題点を公にすることだと考えてしまう傾向があるといえる。(7)そして，教師が他者に援助を求めることをせず，問題を抱え込むと，児童生徒も教師もつぶれてしまうという悪循環を生むと推察される。近年，教師のメンタルヘルスの悪化が問題視されている。(10)問題を一人で抱え込まず，チームで援助できるように学校の体制を整えることは，教師のメンタルヘルスを向上させるうえでも重要である。(11)

　また，学校の体制を整えるだけでなく，教師の資質を向上させるための取り組みも必要である。具体的には，教師の被援助志向性と協働性を高めることがとくに重要だと考えられる。(12)被援助志向性とは，教師が援助サービス上の困難な問題に直面したときに援助要請行動を起こすことの前提となるもので，他者に援助を求める姿勢のことである。(13)教師が「助けて」と表現したり，「ノー」と言ったりすることは，貴重なアサーションである。(14)教師一人ひとりの日常の心がけとして「ギブアンドテイク」と「他者から学ぶ姿勢」をもち，(6)困っている教師や余裕のない教師をみんなで助けるといった教師集団を構築することは重要である。職員室での，身近で信頼できる同僚教師との愚痴の言い合いなどの他愛もない会話から，「こんなことで困っていて……」と相談できることもあるだろう。教師同士の普段のコミュニケーションを大切にし，「助けられ上手」な教師を目指すことが重要であると考えられる。

スクールカウンセラーの活用

　チーム学校の推進が求められる一方で，現場である学校組織では，SCやSSWといったさまざまな専門スタッフをどのように活用していくかという問題に直面している。ここでは，SCの活用に論点を絞って記述する。

　学校は，従来，教師のみで構成されていた。その学校組織において，心理職という異職種かつ非常勤のSCを受け入れることは，学校側に多くの戸惑いを引き起こしている。[15]現在，心理職をどのように活用するとよいのかについての明確な指針は定められていない。そのため，心理職の活用の仕方は，学校組織のあり方，校長をはじめとした教師の意識の差などにより異なっており，学校や都道府県ごとに大きな差がある。SCの役割が理解されていないことにより組織的な活用が十分になされないケースや，教育委員会においてSCの活用方法についてのビジョンや方針が明確でないケースもある。[16]管理職もしくはSCが異動すれば，その学校ではまた白紙に近い状態からSCの活用方法，仕事のあり方を考えていかなければならない。[15]

　学校がSCなどの心理職を効果的に活用する方略として，嶋崎を参考[17]にまとめると以下の4点が挙げられる。第一に，「SCの役割理解」である。SCの仕事としては，児童生徒や保護者の面接，教職員や保護者へのコンサルテーション，研究・研修，外部機関との連携などがある。[18]教師によるSCの役割の理解不足は，教師が求めるべき援助を求めることができなかったり，逆にSCの役割以上のものを求めてしまったりすることで，学校という組織のなかでの軋轢を生じさせる。第二に，「具体的な要望伝達」である。来校頻度に限りのあるSCに対し，優先順位をつけて要望を伝えることで，SCの専門性は十分に発揮される。第三

に，「教育とカウンセリングの理解」である。教師とSCの専門性の違いを相互に理解することが重要である。教師の行う「児童生徒をプラスの方向に導くための指導・援助」と，SCの行う「受容共感に基づいて児童生徒をありのまま受け入れる姿勢」は，ときとして反発し合い，教師とSCの間に溝ができることがある。教師によるSCの専門性理解，SCによる教師の専門性理解が大切である。第四に，「SCの倫理規定についての理解」である。この点が教師に理解されていないことで，教師の不信感を募らせてしまうことが多いといわれている。守秘義務（情報共有をすべきものは開示し，個人の利益にかかわる秘密については開示しない，など）をはじめとするSCの倫理規定を教師に事前に示しておくことが重要である。SCの任用資格の1つである公認心理師は，公認心理師法第41条において秘密保持義務が厳しく規定されている。公認心理師の専門性を確立するうえで，この倫理が所属する組織内で周知されている必要がある。

　心理職の効果的な活用方法について以上4点を挙げたが，心理職をどのように活用できるとよいのかについては，各学校の体制や状況に応じて柔軟に考えることが求められる。こうした状況を鑑みると，各学校の心理職活用の状況を適宜チェックして，改善が求められる点について精査する方法があるとよい。その方法の1つに，山口らの心理職活用尺度(15)（表9-1→P.130）がある。心理職活用尺度は，① 心理職の有用性，② 心理職への評価，③ 心理職の活用体制について，「1：当てはまらないと思う」から「4：当てはまると思う」までの4件法で測定し，学校の心理職活用の現状をチェックするものである。このような指標を用いて改善を重ねることで，よりよい心理職との連携・活用につながっていくであろう。

　また，伊藤は，SCの評価は学校の受け入れ体制や教師の相談利用頻度(19)と関連が強く，SCの受け入れ体制が整い，教師が相談活動を活発に行おうとする学校ほどSCに対する評価は高いと述べている。このこと

表 9-1　心理職活用尺度（文献15をもとに作成）

心理職の有用性	心理職への評価	心理職の活用体制
・学校に心理職（SC・相談員）がいると相談しやすい ・心理職（SC・相談員）がいると，いつでも相談できるという安心感がある ・心理職（SC・相談員）の活動には期待している ・心理職（SC・相談員）の視点は，児童生徒理解を深めるのに役立つ ・普段から，心理職（SC・相談員）と学校とが関係を築いておくことが重要である ・心理職（SC・相談員）には，学校教育の全体像を理解したうえで活動してほしい ・心理職（SC・相談員）に相談することで，教員自身が自信をもって対応できる ・学校と市町村の相談室・センターが連携をはかるには，教員と心理職（SC・相談員）がお互いに理解し合うことが重要である	・心理職（SC・相談員）は，子どもからの相談に十分対応している ・心理職（SC・相談員）は，保護者からの相談に十分対応している ・心理職（SC・相談員）は，教員からの相談に十分対応している ・心理職（SC・相談員）は，子どもたちの行動観察を十分にしている ・心理職（SC・相談員）は，それぞれの学校のニーズに応じた支援をしている	・管理職は，心理職（SC・相談員）と密にコミュニケーションをはかるようにしている ・心理職（SC・相談員）の活用方法が明確である ・教員の教育相談研修に，心理職（SC・相談員）の協力が十分に得られている ・管理職が，教育相談コーディネーターを積極的に育成している ・心理職（SC・相談員）は，教員を十分にサポートしている ・事例検討会により，情報を全体で共有できている ・心理職（SC・相談員）の活用体制がうまく機能していない※ ・事例検討会を通して，次の事例に生かす発想が不十分である※

※は逆転項目

からも，学校側の SC の受け入れ体制が整うことにより，SC の効果的活用がなされると考えられる。

チーム学校実現のための校内体制

　学校体制を構築するうえで，教師の経験や年齢，立場，さらには多忙な業務を考慮し，普段から教師同士，管理職，心理職などが協働できる風土やチーム援助を促進させる方略などを考えることが重要である。[20] そのうえで，以下のことができると望ましいと考えられる。

[1] 風通しのよい職員室作り

　教師の被援助志向性を高めるためには，共同体としての職員室の協働性（学校での共通の目標・課題を達成するために，成長志向をもって自発的に協力し合うこと）が鍵を握っている。[21]

　職員室の協働性の阻害要因として，教師の多忙化と私事化（自分の仕事だけ行い，集団としての仕事に協力しない状況）の2つが指摘されている。[21] 多忙化を食い止めることは現状として難しいと考えられるが，現在「教職員の働き方改革」が議論されているところである。[22] 加えて，そのストレスを緩和させるためにも，意思疎通の自由さと居心地のよい職員室の存在は欠かせない。私事化については，管理職が真っ先に動いて先導していく姿勢を見せることで，他の教師もその学校の職員として自分の業務以外の仕事を進んで手伝う風土が生み出されるとされる。[21] 校長のリーダーシップのもと，職員室をチームにするために，教師が気持ちよく働けるような職員室の風土を作る努力が必要である。

　教師は，若手もベテランも同様の業務が与えられることが多い。そのなかで，若手教師が萎縮せずに先輩教師や管理職に援助を求められるような，風通しのよい「職員室の雰囲気」を作ることで，よりよいチーム援助システム構築の土台ができる。[23]

［2］教育相談に対する意識を高める

　教育相談で必要とされる教師の資質として，人間的な温かみや受容的態度が成熟しているなどの人格的な資質と，実践に裏づけされたアセスメントやコーピングに関する知識・技術の両面が大切だといわれている。そのため，教員研修では事例検討会や演習（構成的グループ・エンカウンター，Social Skills Training，Social and Emotional Learning of 8 Abilities at the School など）を取り入れ，教師の教育相談への理解を深めることが重要である。それにより，教育相談に対する意識を学校全体として高めていくことができると考えられる。

［3］円滑な連携方法の確立

　教育相談が十分な効果をあげるためには，対象の児童生徒の現状やリソース（自助資源・援助資源），目標などを明確にし，計画を立てることが重要である。その計画をもとに，誰が，いつ，どのように支援を行うかを具体化することで役割分担ができ，さらには臨機応変な対応ができる。それにあたり，教育相談主任（あるいは特別支援教育コーディネーター）の選出は，管理職の重要な仕事になってくる。教育相談主任は，校内体制や外部の専門機関などとの連絡・調整にあたるコーディネーター役である。そのため，教育相談に十分な識見と経験を有する教師を選出することが望ましく，養護教諭や特別支援教育コーディネーターがこれを兼ねるなど，それぞれの学校の実状に合わせた柔軟な対応が求められる。教育相談主任のコーディネートのもと，協働して児童生徒の支援を行っていくことが望ましい。

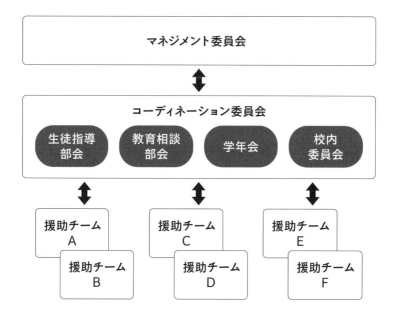

図9-1 | 校内の3段階の援助チーム（文献25をもとに作成）

〔4〕 援助体制モデル

　学校心理学では，児童生徒の援助システムにおいて，個別の「援助チーム」「コーディネーション委員会」「マネジメント委員会」という3段階の援助体制モデルを提唱している[25]（図9-1）。まず，個別の援助チームとは，特定の子どもの学校生活における問題を解決・援助するためのもので，学級担任や保護者，コーディネーターなどから構成される[26]。続いてコーディネーション委員会とは，学年・学校・地域レベルで援助サービスのコーディネーションを行うもので，学校内外の援助資源の調整と連携を行いながら援助サービスの充実を図る委員会である[26]。生徒指導部会，教

図9-2 マネジメント委員会の機能が及ぼす影響関係（文献26をもとに作成）

育相談部会，学年会，校内支援委員会などが該当する。そしてマネジメント委員会（企画・運営委員会など）は，学校全体の教育活動のマネジメントを行うもので，危機管理も含まれ，「情報共有・問題解決」「教育活動の評価と見直し」「校長の意思の共有」の機能がある。[4]

　このように，援助を要する児童生徒に応じて援助チームを形成していく。そして，各援助チームレベルで連携・コーディネートをするだけでなく，システムレベルでの連携・コーディネートが機能することが大切である。それにあたり，上位に位置づけられる組織であるマネジメント委員会が充実していることが重要である。マネジメント委員会が充実・促進されることで，校長の意思が主任層から一般教員に伝わってチーム援助体制が整い，チーム援助行動が推進される[26]（図9-2）。そのようにして，学校全体が1つの組織として機能していくことが求められている。

［5］援助チームシートの活用

　チームで共通理解を図る手段として，情報をまとめるシートの活用が役立つ。[27]石隈・田村による援助チームシート[24]（図9-3）は，児童生徒に対するチーム援助のなかで使用することで，その児童生徒の現状やリソース，発達段階にあった短期的・長期的な目標などが可視化され，より具体的・現実的で，実現可能な支援を即座に導入できるものである。援助チームシートの活用により，児童生徒のアセスメントが可能になるだけ

図 9-3 援助チームシート（文献 8, 24, 27 をもとに作成）

【石隈・田村式　援助チームシート４領域版】

実施日 ：平成　年　月　日（ ）　時　分〜　時　分　第１回
次回予定：平成　年　月　日（ ）　時　分〜　時　分　第２回
出席者名：

苦戦していること（　　　　　　　　　　　　　　　　　　　　　　　　　）

児童生徒氏名 　　　　　年　組　番 担任氏名	学習面 （学習状況） （学習スタイル） （学力）　　など	心理・社会面 （情緒面） （ストレス対応スタイル） （人間関係）　など	進路面 （得意なことや趣味） （将来の夢や計画） （進路希望）　など	健康面 （健康状況） （身体面での様子） 　など
情報のまとめ （A）いいところ 子どもの自助資源				
（B）気になるところ 援助が必要なところ				
（C）してみたこと 今まで行った, あるいは 今行っている援助とその結果				
（D）この時点での 目標と援助方針				
援助案 （E）これからの 援助で 何を行うか				
（F）誰が行うか				
（G）いつから いつまで行うか				

©Ishikuma & Tamura 1997-2008

でなく，教職員間で対象児童生徒に対する共通理解を図ったり，支援の孤立化の予防につなげたりすることができるようになる。

おわりに

　冒頭に述べたように，学校現場で生じる問題は複雑化・多様化してきている。そのような状況において，問題を援助者一人が抱え込むのではなく，学校全体が1つのチームとなり，さまざまな専門性をもつ者同士が連携・協働して対応できることが望ましい。そうすることが，児童生徒のよりよい支援となるだけでなく，教師のメンタルヘルスを向上させることにもつながる。しかし，チーム学校を実現させるためにどのような工夫をしたらよいのか，その手立てがわからないなかでは，戸惑うことも多いだろう。

　マネジメントにおける資源は「ヒト，モノ，カネ，情報」であるといわれている[28]が，援助サービスのマネジメントで鍵を握るのは「情報」であるといえる。教職員と専門職（SC，SSWなど）との連携を難しくしている背景の1つとして，「守秘義務」と「個人情報の保護」をどう扱うかという問題がある。これを解決するポイントの1つは，教職員と専門職が互いの専門性を理解し合うことである。そしてもう1つは，情報の扱い方について共通理解を図ることである。マネジメント委員会において，それぞれがもつ情報をどこまで全体で共有するかについて話し合っておくと，その後の連携・協働が円滑に進むと考えられる。

(1)　文部科学省「平成30年度児童生徒の問題行動・不登校等生徒指導上の課題に関する調査結果について」2019.（https://www.mext.go.jp/b_menu/houdou/31/10/1422020.htm）

(2)　文部科学省「通常の学級に在籍する発達障害の可能性のある特別な教育的支援を必要とする児童生徒に関する調査結果について」2012.（https://www.mext.go.jp/a_menu/shotou/tokubetu/material/1328729.htm）

(3)　文部科学省中央教育審議会「チームとしての学校の在り方と今後の改善方策について（答申）」2015.（http://www.mext.go.jp/b_menu/shingi/chukyo/chukyo0/toushin/1365657.htm）

(4)　山口豊一，石隈利紀「中学校におけるマネジメント委員会に関する研究——マネジメント委員会機能尺度（中学校版）の作成」『日本学校心理士会年報』2: 73-83, 2009.

(5)　文部科学省「生徒指導提要」2010.（https://www.mext.go.jp/a_menu/shotou/seitoshidou/1404008.htm）

(6)　田村修一「教師の被援助志向性とチーム援助——『助けられ上手』な教師になるために」『児童心理』65: 19-26, 2011.

(7)　関知重美，山口豊一「被援助志向性及び心理職活用が小学校教員の『抱え込み』傾向に与える影響——教員の『抱え込み』傾向尺度小学校版の作成を中心として」『跡見学園女子大学文学部臨床心理学科紀要』6: 33-47, 2018.

(8)　石隈利紀，田村節子『石隈・田村式援助シートによるチーム援助入門——学校心理学・実践編』図書文化社, 2003.

(9)　谷島弘仁「教師へのコンサルテーション——何が望まれているのか」『児童心理』65: 73-78, 2011.

(10)　文部科学省「教職員のメンタルヘルス対策について」2013.（https://www.mext.go.jp/b_menu/shingi/chousa/shotou/088/houkoku/1332639.htm）

(11)　山口豊一，長谷川恵「小学校のチーム援助体制が共同体感覚及び教師のメンタルヘルスに及ぼす影響」『応用心理学研究』41: 281-289, 2016.

(12)　本田真大『中学生の援助要請行動と学校適応に関する研究——援助評価の検討』風間書房，2018.

(13)　田村修一「教師の援助要請」水野治久監修，永井智，本田真大，飯田敏晴他編『援助要請と被援助志向性の心理学——困っていても助けを求められない人の理解と援助』金子書房，2017.

(14)　園田雅代，中釜洋子，沢崎俊之編『教師のためのアサーション』金子書房，2002.

(15)　山口豊一，水野治久，本田真大他「学校コミュニティにおける心理職活用システムの開発に関する研究——学校の管理職及びミドルリーダーに焦点を当てた尺度開発を通して」『コミュニティ心理学研究』19: 77-93, 2015.

(16)　文部科学省「児童生徒の教育相談の充実について——生き生きとした子どもを育てる相談体制づくり（報告）」2007.（https://www.mext.go.jp/b_menu/shingi/chousa/shotou/066/gaiyou/1369810.htm）

(17)　嶋崎政男「スクールカウンセラーを学校に迎える前にしておきたい10のこと」『児童心理』62: 44-50, 2008.

(18)　山口豊一編，石隈利紀監修『学校心理学が変える新しい生徒指導——一人ひとりの援助ニーズに応じたサポートをめざして』学事出版，2005.

(19)　伊藤美奈子「学校で役に立つスクールカウンセラーとは」『児童心理』62: 2-11, 2008.

(20)　文部科学省教育相談等に関する調査研究協力者会議「児童生徒の教育相談の充実について——学校の教育力を高める組織的な教育体制づくり（報告）」2017.（https://www.pref.shimane.lg.jp/izumo_kyoiku/index.data/jidouseitonokyouikusoudannjyuujitu.pdf）

(21) 牧郁子「学校の雰囲気と教師の協働——チーム援助の土台として」『児童心理』65: 27-34, 2011.

(22) 文部科学省「新しい時代の教育に向けた持続可能な学校指導・運営体制の構築のための学校における働き方改革に関する総合的な方策について（答申）」2019. (https://www.mext.go.jp/b_menu/shingi/chukyo/chukyo3/079/sonota/1412985.htm)

(23) 山口豊一, 山本麻衣子, 渡利唯他「中学校におけるチーム援助の実態が教員のチーム援助志向性およびバーンアウトに与える影響」『心理臨床学研究』32: 119-124, 2014.

(24) 石隈利紀, 田村節子『新版 石隈・田村式援助シートによるチーム援助入門——学校心理学・実践編』図書文化社, 2018.

(25) 家近早苗「コーディネーションとチーム援助の方法③ コーディネーション委員会」石隈利紀, 大野精一, 小野瀬雅人他責任編集, 日本学校心理学会編『学校心理学ハンドブック——「チーム」学校の充実をめざして 第2版』pp.162-175, 教育出版, 2016.

(26) 山口豊一, 樽木靖夫, 家近早苗他「中学校におけるマネジメント委員会の機能がチーム援助体制及びチーム援助行動に与える影響——主任層に焦点を当てて」『日本学校心理士会報』4: 103-112, 2011.

(27) 石隈利紀『学校心理学——教師・スクールカウンセラー・保護者のチームによる心理教育的援助サービス』誠信書房, 1999.

(28) Penrose, E.T.: *The theory of the growth of the firm*. Oxford University Press, 1959.（末松玄六訳『会社成長の理論 第2版』ダイヤモンド社, 1980)

第10章

子ども・保護者参加の援助チーム

田村節子

はじめに

　子どもたちは学校生活において，勤勉性や社会性などたくさんの発達課題をクリアしながら成長・発達していく。その過程で学習や部活の悩み，友だちや家族関係の悩みなどを抱えることが少なくない。子どもは学校生活においてこのような問題状況を抱えたとき，自分自身でなんとかしようと努力する。また，保護者も子どもの問題状況に気づくと，初めは自分たちだけでなんとかしようとする。しかし，それでも解決できないとき，多くの保護者は教師に助けを求める。そして，教師が解決を試みたが困難であると判断したとき，他の援助資源の助力を求め，チームでの援助が開始される。子どもも保護者も教師もそれぞれがすでに自分たちなりに努力していることに思いを馳せることから，チーム援助はスタートする。

チーム援助とは

　チーム援助とは，子どもにかかわる援助者が，すべての子どもの学校生活の質の向上を目指すために，学校・家庭・地域などで行う活動である。
　チーム援助の定義は，次の３点に集約される[1]。①一人ひとりの生徒の学習面，心理・社会面，進路面，健康面の問題状況を解決することを援助する。②子どもへの援助は，教師とコーディネーター（生徒指導担当，教育相談係，養護教諭など）が保護者と連携して行う。③すべての子どもを対象とする活動から，苦戦している子どもを対象とする活動までが含まれる。具体的には，アセスメント，援助案の作成，実践結果の評価とそれに基づく援助案の見直しを繰り返し行う。

保護者参加の援助チーム

　保護者は「自分の子どもの専門家」である。にもかかわらず，これまでチーム援助は，「保護者は援助を受ける側である」という認識のもとに，主に教師，スクールカウンセラー（SC），スクールソーシャルワーカー，医療関係者といった援助の専門家によって行われてきた。しかしチーム援助とは，その定義にあるように「保護者と連携して行う」ものである。なぜなら保護者は，自分の子どもについての豊かな情報をもち，さらに子どもの生涯にわたるパートナーだからである。保護者との具体的な連携の仕方として，田村・石隈は，保護者を「援助を受ける側」としてだけではなく，「援助者として援助を提供する側」としても位置づける形態を提案し実践している[2]。保護者を援助者として位置づけるには，事前

に保護者の援助ニーズをアセスメントすることが重要である。

［1］ 保護者の援助ニーズのアセスメント

　保護者には，カウンセリングニーズとコンサルテーションニーズの2つのニーズがあることが明らかとなっている[(2)]。カウンセリングニーズとは，子どもの問題状況から発生する子育て等に関する不安や自責の念といった精神的なストレスを，援助者に聴いてもらうことで整理したいというニーズである。またコンサルテーションニーズとは，子どもの問題状況について，何をどうしたらいいか知りたいというニーズである。カウンセリングニーズに対してはカウンセリングの場を設定し，援助チームの話し合いではその内容は取り扱わない。コンサルテーションニーズは援助チームで取り上げ，解決に向かう話し合いを行う。

　ここで重要なのは，保護者のカウンセリングニーズがコンサルテーションニーズを上回るときには，援助を受ける側としてのカウンセリングニーズを満たすことを優先することである。その結果，保護者が心理的な落ち着きを取り戻すことで，「援助を提供する側」となり，援助チームのメンバーとして位置づけられるようになる。

　保護者が援助チームのメンバーとなることで，子どもの生育歴や家庭における現在の子どもの様子など，過去から現在までの身体的・心理的・社会的情報が得られる。保護者から得られる子どもの情報は，生物・心理・社会モデル（bio-psycho-social model）[(4)]を教育場面へ援用し，援助に活かすために活用できる。つまり，保護者が入ることで，教師やSC，ソーシャルワーカー，医療機関等の多職種連携による援助はより効果的になる。

[2] 相互コンサルテーション

　援助チームで行われる話し合いを相互コンサルテーションと呼ぶ。コンサルテーションとは，異なった専門性や役割をもつ者同士がそれぞれの専門性や役割に基づき，援助の対象である子どもの状況について検討し，今後の援助方針について話し合う作戦会議のことである。コンサルタント（助言する者）とコンサルティ（助言を受ける者）の関係は，一方向だけではなく，相互にもなり得るとされる。保護者を含むメンバー誰もが「援助を受ける側」や「援助を提供する側」になり，チームメンバー全員が責任を共有する。

「子ども参加型援助チーム」とは

　子どもをよく知る保護者が援助チームに入ることで，援助はより効果的に進む。さらに子どもの学校生活の質の向上を目指すには，当事者である子ども自身の意見を反映させる必要がある。援助案を実行するのは子ども自身であるからだ。保護者が入った援助チームに子どもが参加すると，子どもにぴったり合った援助が行われる可能性が高まる。
　子どもたちは「児童の権利条約（子どもの権利条約）」で守られている存在である。子どもは援助を受けるだけではなく，自分の意見を表明し，援助者に自分の意見を考慮してもらう権利がある。児童の権利条約は1989年の第44回国連総会において採択され，1990年に発効，日本は1994年に批准した。また「子どもの権利条約抄訳」では，大きく下記の4つが子どもの権利として挙げられている（下線は筆者による）。

・すべての子どもの命が守られ，もって生まれた能力を十分に伸ばして成長できるよう，医療，教育，生活への支援などを受けることが保障される。
・子どもに関することが行われる時は，「その子どもにとって最もよいこと」を第一に考える。
・子どもは自分に関係のある事柄について自由に意見を表すことができ，おとなはその意見を子どもの発達に応じて十分に考慮する。
・すべての子どもは，子ども自身や親の人種，性別，意見，障がい，経済状況などどんな理由でも差別されず，条約の定めるすべての権利が保障される。

　一言で言えば，「子どもは，自分の能力を十分伸ばすために，子ども自身にとって最もよいことについて，差別されずに自由に意見を表すことができる。大人はその意見を考慮する」となる。

　これを実現するためには，子どものための援助チームに当事者である子ども自身が入り，安心して意見を表明できる場を設ける必要がある。当事者である子ども・保護者参加の援助チームを，「子ども参加型援助チーム」(8) と呼ぶ。その定義は，「主に保護者・教師・コーディネーターが子どもの援助を主導するコア援助チームに，当事者である子どもが加わる形態。定期的に相互コンサルテーションやコンサルテーションを行う」ものとされる。

　子ども参加型援助チームに参加する子どもは，自分の気持ちをある程度言語化できる小学校4，5年生以上となる。ただし，内面を言語化できる場合には低学年でも可能である。

　図 10-1 (→ P.146) は子ども参加型援助チームのイメージ図である。子どもが真ん中にいて，その周りに子どもが安心できる保護者や学級担任，コーディネーターなどがおり，子どもの意見が尊重される。そして，内

図 10-1　子ども参加型援助チームの例（文献8をもとに作成）

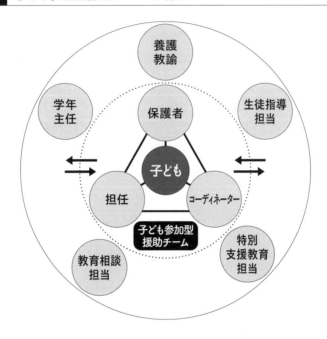

容によっては養護教諭や学年主任といった必要な援助者が加わるイメージである。子どもが直接参加することを躊躇した場合には，援助者が子どもの意見を代弁する。

「子ども参加型援助チーム」におけるそれぞれの役割

　「子ども参加型援助チーム」における子ども，保護者，教師，コーディネーターの役割分担を表10-1に示した。役割分担は相互コンサルテー

表10-1 子ども参加型援助チームにおける役割分担

メンバー／摘要	役割分担 アセスメント	役割分担 援助方針	役割分担 援助実践	役割分担の基盤
子ども	援助ニーズの同定のために自分のWANTS（したいこと／したくないこと）を本音で語る	援助案や計画の立案に主体的に意見を述べることができる。断わる自由も保障される。無理のない案を提案または選択する	合意した具体案については主体性を発揮し実践する。実践した結果を次回に報告する	児童の権利条約第12条「意見を表明する権利」※に基づく
保護者	現在の問題状況，子どもの生育歴や家庭内の情報などを提供する	課題解決のための援助案や計画の立案に参加し，保護者の分担を明確にする	話し合われた具体案に基づき，家庭内での子どもを含めた家族への働きかけを行う。その反応を次回に提供する	親権（民法第818条），監護・教育の権利と義務（民法第820条）に基づく
教師	観察や資料，友だちや前担任などから得た学校での子どもの様子などの情報を提供する	課題解決のための援助案や計画の立案に参加し，教師の分担を明確にする	話し合われた具体案に基づき，子どもや学級，他教師への働きかけを直接的・間接的に行う。その反応を次回に提供する	学校教育の専門性に基づく
コーディネーター	受理面接や観察，他教師からの聞き取りなどで得られた情報を提供する。保護者・教師から得られた情報をまとめる際にリーダー役となる	アセスメントから仮説を立て，援助方針の方向性を提案する。同時に，出された援助案を具体的にするよう心がける。援助方針の修正も行う	話し合われた具体案に基づき，子どもや他教師への働きかけを直接的・間接的に行う。その反応を次回に提供する	スクールカウンセリングの専門性（学校心理学など）に基づく

※ 子どもが自由に自己の意見を表明する権利を確保する。子どもの意見は，その子どもの年齢及び成熟度にしたがって相応に考慮される

ションを行う際に必要となる。

［1］子どもの役割

児童の権利条約第12条を基盤とし，子どもが意見を表明する権利を保障する。アセスメントでは，援助ニーズを決定するために自分のWANTS（したいこと・したくないこと）を本音で語り，援助案や計画の立案に関し主体的に意見を述べることができる。断わる自由も保障される。子ども自身が実行できる無理のない方法を提案する，または援助者が提案した方法のなかから選択することができる。合意した具体案については，子ども自身が主体性を発揮して実行し，その結果を次回に報告する。

［2］保護者の役割

保護者には，親権（民法第818条），監護・教育の権利と義務（民法第820条）がある。現在の問題状況について，子どもの生育歴や家庭内の情報などを提供する。さらに，課題解決のための援助案や計画の立案に参加し，保護者の分担を明確にする。援助の立案では，保護者は子どもの代弁者にもなり得る。話し合われた具体案に基づき，子ども本人を含めた家族への働きかけを家庭で行い，その反応を次回に報告する。

［3］教師の役割

学校教育の専門性に基づき，観察や資料，子どもの友だちや前担任などから得た学校での本人の様子などの情報を提供する。課題解決のための援助案や計画の立案に参加し，教師の分担を明確にする。話し合われた具体案に基づき，子どもや学級，他の教師への働きかけを直接的・間

接的に行い，その反応を次回に報告する。教師も子どもの代弁者になり得る。

［4］コーディネーターの役割

スクールカウンセリングの専門性（学校心理学など）に基づき，受理面接や観察，他教師からの聞き取りなどで得られた情報を提供する。保護者・教師から得られた情報をまとめる際にリーダー役となる。アセスメントから仮説を立て，援助方針や援助案を提案する。提案された援助案を具体的にするよう心がける。話し合われた具体案に基づき，子どもへの働きかけを直接的・間接的に行い，その反応を次回に報告する。援助方針の修正も行う。援助者全員に対して必要なことであるが，とくに子どもの主体性や自己決定を尊重することに留意する。一連の相互コンサルテーションの活動は，その場を和ませるような雰囲気で，子どもに安心を実感してもらえるように行う。

子どもの援助ニーズのアセスメント

子どもにも保護者と同じように 2 つの援助ニーズがある。子どものカウンセリングニーズは，問題状況から発生する不安や悩みなどの精神的ストレスに対するニーズである。また子どものコンサルテーションニーズは，問題状況について子どもがどのような援助を求めているかを明確にするためのニーズである。

子どもの場合には明確に援助ニーズを意識していない場合も多いため，援助者が丁寧に気持ちなどを聞き取り，仮説を立て，納得がいくま

で子どもに説明する過程が必要となる。

　子どもには上記の援助ニーズの他に、「○○がしたい／したくない」「○○してほしい／してほしくない」というWANTSがある。いわゆる子どもの本音である。上記の援助ニーズと区別が難しいが，本音は尊重される必要がある。なぜなら，本音を無視した援助案は実践されないからである。援助ニーズとWANTSが一致している場合には問題はない。しかし，援助ニーズとWANTSが一致しない場合には，実践されない可能性が高くなる。

　たとえば，糖尿病の子どもには「糖尿病を治す」という援助ニーズがある。しかし「甘いお菓子を食べたい」というWANTSがある場合には，援助ニーズと子どもの本音が食い違う。このようなケースで，子どもに対して「クッキーやアイスクリームは絶対ダメだ」と説得しても，隠れて食べたりする。この場合，たとえば，医師の了解を得て，甘味はあるが血糖値が上がりにくい甘味料に変えるといった工夫をすると，子どもはある程度満足するだろう。このように子どものWANTSを尊重した工夫をすると，大人が子どもを尊重しているという態度が子どもに伝わる。すると，子どもが約束を守る可能性が高まる。つまり，援助ニーズを考慮しつつ，表明された子どものWANTSを実現できるよう，ないしは形を変えて実現できるよう援助者は工夫する必要があるのである。

「子ども参加型援助チーム」を成功させるコツ

　子ども参加型援助チームがうまくいく鍵は，コーディネーターの働きである。コーディネーターはつなぎ役であり，チームの雰囲気を決定づけ，チーム援助に参加したすべての人の意見や持ち味を尊重する。さら

にコーディネーターは，援助案を決定する際には，子どもや保護者を含めて援助チームメンバー全員の主体性を尊重し，自己決定を促す。チーム援助に参加したメンバーは，援助を立案する過程で得られた援助案や工夫を，次の援助や自分自身の成長に役立てることができる。チーム援助は時間や労力がかかるように感じられるが，コストパフォーマンスは優秀である。

おわりに

「子どもの意見を尊重する」。文章にすると非常に簡単なように感じられる。しかし，援助者にとって受け入れがたい子どもの意見がいざ出されたとき，しばしば大人は躊躇する。頭ごなしに否定すれば，子どもは二度と自分の気持ちを話さなくなる。かといって，子どもの意見を取り上げることには限界がある。子どもの意見を受け止めつつ，現実を検討しながら折り合いをつけていく過程を大人が踏んでくれるかどうか，子どもはしっかりと観察している。つまり，私たち大人は子どもにテストされているのである。

「何のテストか？」という素朴な問いに私は，「子どもは『多様性を受け入れる大人かどうか』をテストしている」と答えたい。子どもはエネルギーの塊であり，潜在能力を秘めた一人ひとり違う存在である。子どもは「誰もが自分の気持ちを大切にしてほしい」と願い，「気持ちをわかってほしい」と願っている。一人ひとりの子どもに対してレッテルを貼らずに柔軟に向き合う姿勢が，われわれ大人には求められている。子どもは常に大人を成長させてくれる存在なのである。

(1) 石隈利紀『学校心理学——教師・スクールカウンセラー・保護者のチームによる心理教育的援助サービス』誠信書房, 1999.

(2) 田村節子, 石隈利紀「保護者はクライエントから子どもの援助のパートナーへとどのように変容するか——母親の手記の質的分析」『教育心理学研究』55: 438-450, 2007.

(3) 石隈利紀, 田村節子『石隈・田村式援助シートによるチーム援助入門——学校心理学・実践編』図書文化社, 2003.

(4) Engel, G.L.: The need for a new medical model: A challenge for biomedicine. *Science* 196: 129-136, 1977.

(5) 外務省「児童の権利条約（児童の権利に関する条約）」(https://www.mofa.go.jp/mofaj/gaiko/jido/)

(6) Unicef「子どもの権利条約」日本ユニセフ協会 (https://www.unicef.or.jp/kodomo/kenri/#kenri1)

(7) 田村節子, 石隈利紀『石隈・田村式援助シートによる実践チーム援助——特別支援教育編』図書文化社, 2013.

(8) 田村節子, 石隈利紀『石隈・田村式援助シートによる子ども参加型チーム援助——インフォームドコンセントを超えて』図書文化社, 2017.

特別支援教育と
スクールカウンセラーの
連携

菅野和恵

はじめに

　筆者の古くからの友人はスクールカウンセラー (SC) である。彼女は，特別支援教育がスタートする前から，勤務する学校において，発達障害のある児童生徒が示す学習や生徒指導上の課題に向き合っていた。彼女は，発達障害の理解が進んでいない状況でアセスメントやカウンセリングを行っても，適切な指導や支援につなげるのは難しく，「点」の支援にしかならなかったと話す。

　共生社会形成の基礎として，特別支援教育の重要性は高まっている。SC が「チーム学校」の一員となり，教職員と連携・協働して活動していくうえで，特別支援教育とそのシステムについて理解を深め，能動的に関与することは，子どもに大きな利益をもたらすと考えられる。

　本章では，SC がその力量を発揮するには，特別支援教育をどのように理解すればよいかという視点に立ち，特別支援教育について概説する。また，特別支援教育は開始から 10 年あまりを経たが，障害にかかわる

ことはかなり速いスピードで動いているため，SCと関連のある最近の動向も紹介する。次に，通常学校における校内支援の実際と，推進役である特別支援教育コーディネーターの役割について論じる。最後に，特別支援教育におけるSCの役割や心理教育的援助の実際について述べる。

特別支援教育について

［1］ 特別支援教育の理念

　2007年4月，特別支援教育が法的に位置づけられた改正学校教育法の施行にあたり，「特別支援教育の推進について（通知）[^1]」が出された。これは特別支援教育の骨格が示されたものであり，冒頭には特別支援教育の理念が述べられている。理念のポイントは，特別支援教育の対象として発達障害が含められたことに加え，障害のある子どもの教育は分離して実施するのではなく，すべての学校において，一人ひとりの教育的ニーズを把握しながら指導及び支援を実施することが記されたことである。2007年の特別支援教育開始は教育現場に大きな変化をもたらしたが，庄司[^2]はその1つとして，「通常の学級で授業を行う教師たちが特別支援教育の担い手となった」ことを指摘している。

［2］ 特別支援教育の制度・体制

① 特別支援教育の制度
　特別支援教育の制度として，特別支援学校，特別支援学級，通級によ

る指導がある。文部科学省[3]は,「特別支援教育の概念図（義務教育段階）」（図11-1→P.156）を作成し,少子化により児童生徒数が減少傾向にあるにもかかわらず,特別支援教育の制度を利用している児童生徒数が増加していることを示している。

特別支援学校は,図11-1に示された障害種を対象とし,複数の障害種別部門を置くことができる。在籍者合計は年々増加しており,とくに,特別支援学校高等部における知的障害の在籍者数の増加が顕著である。

特別支援学級は,幼稚園・小学校・中学校・義務教育学校・高等学校及び中等教育学校に置くことができる。疾病により療養中の児童及び生徒に対しても設置するか,教員を派遣することができる。

通級による指導は,大部分の授業を通常の学級で受けながら,一部の授業について,障害に応じた特別な指導を特別な場で受ける指導形態を指す。2018年度から高等学校及び中等教育学校後期課程においても実施できることになった。個別指導を中心とした指導を週1〜3時間程度,必要に応じて週8時間以内で行うことができる。

② 通常の学校・学級における特別支援教育の体制作り

通常の学校・学級において,特別支援教育を進めていくためには,体制を整備し具体的な取り組みを行う必要がある。体制や取り組みの詳細を以下に記した。文部科学省は,特別支援教育の体制作りの整備状況を捉えるため,毎年,この8つにかかわる調査を実施し公表している。調査結果によると,校内委員会の設置等は進んでいる一方,通常の学級に在籍する児童生徒の個別の教育支援計画の作成が遅れている状況にある[4]。

校内委員会の設置 ▶ 発達障害を含む幼児児童生徒の実態把握及び支援のあり方等について検討を行う。学校内に置かれた委員会。

実態把握 ▶ 在籍する幼児児童生徒の実態把握をし,特別な支援を必要

図 11-1 　特別支援教育の概念図（義務教育段階）（文献3をもとに作成）

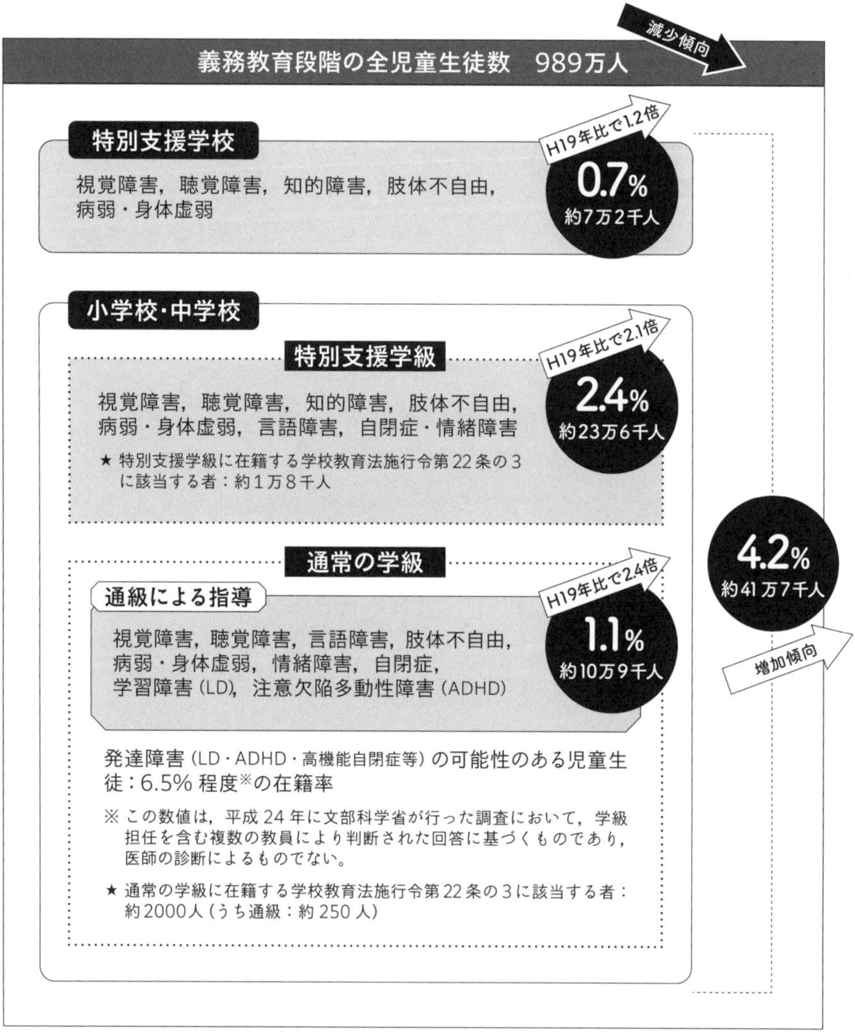

義務教育段階の全児童生徒数　989万人　減少傾向

特別支援学校

視覚障害，聴覚障害，知的障害，肢体不自由，
病弱・身体虚弱

H19年比で1.2倍
0.7%
約7万2千人

小学校・中学校

特別支援学級

視覚障害，聴覚障害，知的障害，肢体不自由，
病弱・身体虚弱，言語障害，自閉症・情緒障害

★ 特別支援学級に在籍する学校教育法施行令第22条の3
に該当する者：約1万8千人

H19年比で2.1倍
2.4%
約23万6千人

通常の学級

通級による指導

視覚障害，聴覚障害，言語障害，肢体不自由，
病弱・身体虚弱，情緒障害，自閉症，
学習障害（LD），注意欠陥多動性障害（ADHD）

H19年比で2.4倍
1.1%
約10万9千人

発達障害（LD・ADHD・高機能自閉症等）の可能性のある児童生
徒：6.5%程度※の在籍率

※ この数値は，平成24年に文部科学省が行った調査において，学級
担任を含む複数の教員により判断された回答に基づくものであり，
医師の診断によるものでない。

★ 通常の学級に在籍する学校教育法施行令第22条の3に該当する者：
約2000人（うち通級：約250人）

4.2%
約41万7千人

増加傾向

平成29年5月1日現在

とする子どもの存在や状態を確かめる取り組み。

特別支援教育コーディネーターの指名▶学校内の関係者や福祉・医療等の関係機関と連絡調整，ならびに保護者に対する学校の窓口として，校内における特別支援教育に関するコーディネーター的な役割を担う者を指名すること。

個別の指導計画▶子ども一人ひとりの障害の状態等に応じたきめ細かな指導が行えるよう，学校における教育課程や指導計画，対象児の個別の教育支援計画等を踏まえた，指導目標や指導内容・方法を盛り込んだ計画。図 11-2（→ P.158）に個別の指導計画の記入例を示した[5]。「小学校及び中学校学習指導要領」の「指導計画の作成等に当たって配慮すべき事項」に，障害のある児童生徒に対しては，個別の教育支援計画や個別の指導計画を作成することが記されている。

個別の教育支援計画▶福祉，医療，労働等の関係機関との連携を図りつつ，乳幼児期から学校卒業後までの長期的な視点に立ち，一貫した教育的支援を行うための支援計画。障害者差別解消法施行後は，後述する合理的配慮についても記入することが求められるようになった。図 11-3（→ P.160）に個別の教育支援計画の記入例を示した[6]。

巡回相談▶専門的知識をもった教員・指導主事等が学校を巡回し，教員に対して，障害のある子どもに対する指導内容・方法に関する指導・助言を行うこと。

専門家チーム▶教育委員会等に設置された，教育委員会関係者，教員，心理学の専門家，医師等の専門的知識を有する者で構成する組織。対象児に発達障害があるかどうかの判断や教育対応に関する専門的意見を提示する。

教員の専門性の向上▶特別支援教育に関する内容が含まれた校内研修の実施や外部研修への参加。

図 11-2 個別の指導計画の記入例（文献5をもとに作成）

個別の指導計画（1 学期）

児童生徒名	○○○○○	年　組	○年　○組
担任名	○○○○○	作成日	○年　○月　○日

年間目標	◆ 授業時間においては落ち着いて学習できるようになるとともに、学習した内容をノートにまとめるなど学習に必要な技能を身に付ける。 ◆ 先生や友達の助言などを受け入れ、自分の考えを落ち着いて伝えることができる。		
	1 学期	2 学期	3 学期
学期目標	・授業時間の半分程度は落ち着いて学習し、ノートに書くことができる。 ・先生や友達の助言などでイライラした際、気持ちを落ち着けて、話を聞くことができる。		
指導場面	・各教科等の授業 ・特に学校行事等		
指導内容・方法	・授業時間の半分程度、落ち着いて学習できるように、授業で説明する際、言葉だけでなく絵図などの視覚情報を合せて提示し、授業に落ち着いて取り組む時間を 15 分程度から少しずつ伸ばしていく。 ・板書の重要事項を		

指導内容・方法	・板書の重要事項をノートに写すために、ポイントを色チョークで囲み、その部分を中心に書かせる。 ・先生や友達の助言で気持ちを落ち着けるために、イラスト化等で状況の理解をさせる。		
児童生徒の様子・評価	・私語が減り落ち着いて取り組む時間が伸びたこと（20〜30分程度）、また学校行事等において激しく拒否しなくなってきたことなどから、視覚情報を合せた説明などは効果があり、今後も積極的に活用する。 ・重要事項をノートに写せるようになったことから、書かせる部分を焦点化することは効果がある。ただし文字がノートの枠に収まらないため方眼ノートを試行する。		

注：情報管理を徹底すること

図 11-3　個別の教育支援計画の記入例（文献6をもとに作成）

個別の教育支援計画

（合理的配慮対応版）

生徒名	○○○○○		作成日	○年 ○月 ○日
年組（担当）	1 年○組（○○○○○）	2 年　組（　　　　）	3 年　組（　　　　）	
出身校	○○立○○小学校　　（△△△-△△△-△△△△）		担当	○○○○○

［将来像］

・将来、仕事などに落ち着いて取り組んだり、周囲の人々と円滑にコミュニケーションを図ったりするなど生活力を身に付け自立した生活をしてほしい。

［目指す児童生徒像］

・落ち着いて学習できるようになるとともに、目指す進路実現のための基礎的な学力を身に付けている。
・先生や友達の助言などを受け入れ、自分の考えを落ち着いて伝えることができる。

［関係者と支援内容］

◆ 医療関係
・○○クリニック医師（○○様）□□□（□□□）□□□□、小4まで服薬。3ヶ月1回受診。
◆ 福祉・労働関係
◆ 家族や友人等
・家庭学習等においては、メモを確認し促すとともに、書くことについて量を調整する。

［学校での支援内容］

◆ 学習面
・各教科等において教科担任は、板書の構造化や電子黒板の活用、絵図の提示など視覚情報を工夫する。
◆ 生活面
・学校行事等において学年部は、ルールなどを活動前に説明し、その後個別に確認する。

［主な合理的配慮］　【合理的配慮の観点】を明記すること（例：① -1-1 など）

・困難さの顕著な集中力について、活動の手順などの見通しをもたせ、前回からの伸びやあきらめずにやり遂げたことなどを認めるようにする。（① -1-1）
・説明や指示などについては、聴覚情報を精選し提供する量を調整したり、できるだけ視覚情報も合わせて提供したりするなど工夫して伝える。（① -2-1）

［興味・関心］	［得意なこと］	［長所など］
・科学雑誌が大好きである。	・四則計算が早い。	・部活動（○○部）に熱心である。

［行動や認知の特性・課題］

・ADHD の診断があり、集中できない様子が顕著である。
・友達に注意されると、言い返したり物にあたったりするなどトラブルが多い。
・学級の雰囲気に関係なく話し出すことも多い。
・ノートの枠の中に書く、時間内にノートを仕上げる等の書くことが苦手である。

［指導の記録（諸検査等の記録を含む。）］

・WISC-Ⅳ（検査日○年○月○日）により、聴覚情報の記憶、書くなどの操作が苦手である。
・学習において、私語が減り落ち着いて取り組む時間が伸びた（現在 30～40 分）。学力も伸びてきている（年度初めから 約 8 ポイント増加）。見通しをもたせること、視覚情報を合せて提示することは効果がある。
・学校行事や生活場面において、激しく拒否することはほとんどなくなった。また、友達とトラブルになることも減ってきている（現在 2～3 週間 1 回程度）が、ソーシャルスキルを高めることが課題である。

［備考］

・災害時等の対応については、「災害時等対応マニュアル」を参照。
・支援員については、継続協議中。

注：計画書の下部には，本人（保護者），作成者，校長のサインと日付を記入する欄がある。

［3］特別支援教育の最近の展開

　2007 年以降，障害者権利条約の署名・批准もあり，特別支援教育は多くの新たな展開をみせている。そのなかから，SC とのかかわりが深いと考えられるトピックを紹介する。

① 発達障害の可能性のある児童生徒は 6.5%

文部科学省は，「通常の学級に在籍する発達障害の可能性のある特別な教育的支援を必要とする児童生徒に関する調査[7]」を公表した。知的発達に遅れはないものの，学習面または行動面で著しい困難を示すとされた児童生徒の割合は 6.5%（推定値）であった。

② 就学先を決定する仕組み

「学校教育法施行令の一部改正について（通知[8]）」において，「学校教育法施行令第 22 条の 3 が定める障害のある子供は特別支援学校に就学することが適当」とする従来の就学手続きが変更された。改正法では，保護者・専門家からの意見を十分に聴き，市町村小学校・中学校への就学を基本としたうえで，特別支援学校への就学が適当であると認められた者を「認定特別支援学校就学者」と規定した。また，従来の「就学指導委員会」を「教育支援委員会」（仮称）といった名称にすることが適当であるとされた。

③ 医療的ケア児

2012 年 4 月より，一定の研修を修了し，喀痰吸引等の業務の登録認定を受けた介護職員等（認定特定行為業務従事者）が，一定の条件の下に特定の医療的ケア（特定行為）を実施できるようになった。この制度改正を受け，学校の教職員も，特定行為については法律に基づいて実施することが可能となった。小・中学校など，特別支援学校以外の学校においても医療的ケア児が在籍するようになり，地域の通常学校における医療的ケアへの組織的な体制の整備が重要となる[4]。

④ インクルーシブ教育システムと合理的配慮

「共生社会の形成に向けたインクルーシブ教育システムの構築のため

の特別支援教育の推進（報告）(9)」において，子どもの能力や可能性を最大限まで高めることを目指すとともに，障害のある子どもと障害のない子どもが可能な限りともに学ぶことができるよう，合理的配慮を提供することの重要性が示された。学校における合理的配慮の観点として，3観点（教育内容・方法，支援体制，施設整備）・11項目が示されている(9)。合理的配慮は，本人や家族との合意形成を経て，最終的には過重負担を伴わない範囲で，組織が計画し提供する。障害者差別解消法の施行（2016年）により，合理的配慮が法的に定められた。

通常学校における校内支援体制と特別支援教育コーディネーター

［1］校内支援体制とその流れ

　通常学校において，障害のある子どもへの支援は，次のようなプロセスで進められることが多い。

　第一に，子どもが学習や対人関係などの生活における困難をもつことについての気づき。第二に，困難を有する児童生徒の実態把握と，本人や家族の要望の把握。第三に，把握した内容について校内委員会で検討。第四に，本人や家族と合意形成に向けた対話をしながら，支援内容（合理的配慮）を決定し，個別の教育支援計画に明記。第五に，支援（合理的配慮の提供）の実施。第六に，支援内容の定期的な評価と柔軟な見直し，である。それぞれのプロセスの留意点を以下に詳述する。

　第一の困難への気づきは，本人や家族，教員などによる気づきである。それは，本人や家族から合理的配慮の申し出があるという意思表明の場合もあるし，クラスでの子どもの様子に教員が気づくという場合もある。

その気づきが校内支援にスムーズにつながるためには、相談窓口が家族のみならず教職員間でも周知されている必要がある。

第二の児童生徒の実態把握においては、既存のアセスメントシートを活用することに加え、関係する教職員からの聴取や、引き継ぎ資料等の確認も重要である。

第三・四は、同時平行で進められることもある。学外の専門家チームを活用したり巡回相談の機会を利用したりしながら、合理的配慮を校内委員会などで組織的に検討する。合理的配慮の目的である「障害のある子供が、他の子供と平等に『教育を受ける権利』を享有・行使することを確保する」[(9)]を踏まえ、本人の利益（方法の公平性ではなく、目的・目標の公平性）につながる視点をもつ。そのうえで、学校の設置者及び学校が、過度の負担を課さない範囲で何を行うのかを検討し、個別の教育支援計画を作成する。

通常学校で特別支援教育を推進していくためには、校長のリーダーシップのもと、上記のような校内支援体制を作り、年間計画を作成し着実に進めていく必要がある。ある自治体では、校内委員会の1年間の活動例を公表している。一部抜粋すると、1学期には特別支援教育推進体制・組織の確認、引き継ぎ資料の集約・整理、PTA総会等での保護者向けの理解啓発を行う。2学期には、個別の教育支援計画の作成状況を確認し、必要に応じて適宜「ケース会議」を実施する。そして3学期には、困難の状態の変化や支援内容の評価、新入生説明会における理解啓発などの取り組みが挙げられている。[(10)]

［2］校内支援における特別支援教育コーディネーターの役割

通常学校における特別支援教育の推進役は、特別支援教育コーディネーターである。特別支援教育コーディネーターは、校内支援のほぼす

べてのプロセスにかかわり，その役割は多岐にわたる。「発達障害を含む障害のある幼児児童生徒に対する教育支援体制整備ガイドライン[11]」において，特別支援教育コーディネーターの役割として11項目が挙げられている。①学校内の関係者との連絡調整，②ケース会議の開催，③個別の教育支援計画及び個別の指導計画の作成，④外部機関との連絡調整，⑤保護者に対する相談窓口，⑥各学級担任からの相談状況の整理，⑦各学級担任と共に行う児童等理解と学校内での教育支援体制の検討，⑧進級時の相談・協力，⑨巡回相談員との連携，⑩専門家チームとの連携，⑪学校内の児童等の実態把握と情報収集の推進，である。

　すなわち，特別支援教育コーディネーターは，保護者や教職員の相談窓口となり，専門家チームや巡回相談員と連携を図りながら，本人や保護者との合意形成を経た個別の教育支援計画を作成するのである。そして，支援内容について評価・見直しを行い，児童生徒の進級や進学時に適切に支援内容が引き継がれるよう調整したり，連携したりする。実効性のある校内支援体制の確立に資するために，奮起し活動することが求められている。

［3］特別支援教育コーディネーターが機能する校内支援体制

　2007年以降，校長が特別支援教育コーディネーターを指名し，校務分掌に明確に位置づけることになった。特別支援教育体制整備状況調査によると，小中学校では9割以上の学校で指名されている[9]。しかし，通常学級または特別支援学級担任，教頭，養護教諭，教務主任，主幹教諭などさまざまな職の教員が特別支援教育コーディネーターとして指名される現状があり，特別支援教育にかかわる経験や知識の有無・程度は均一ではない。また，特別支援教育コーディネーターである教員が，他の業務の関係で時間的な余裕がなく，個々の児童生徒の特別な教育的ニー

ズをつかみきれていないという課題がある。宮木ら[12]は，小中学校における特別支援教育コーディネーターの悩みを調査し，「教職員の意識の低さ」「コーディネーターの多忙さ」「校内支援体制構築の難しさ」「人員不足」「研修の不足と成果の低さ」「コーディネーターの力」があることを報告した。特別支援教育コーディネーターは多忙で，多くの悩みをもちながら活動していることがうかがえる。

田中ら[13]は，特別支援教育コーディネーターの活動実態と課題を調査し，校内支援体制で機能的に活動するための工夫をいくつか示している。なかでも，①実態把握を行うための活動時間を確保すること（授業の空き時間や放課後ではなく，児童がいる時間帯に実態把握の時間を作る），②担任との兼務は困難であり，兼務するのであれば特別支援教育コーディネーターの複数配置が最低限必要であることの2点は重要である。また，特別支援教育コーディネーターに援助活動や方針を調整する権限をもたせたり，教頭や教務主任のような立場の者が特別支援教育コーディネーターの一員に加わったりすることは，有機的な活動に向けたサポートとなろう[13]。

特別支援教育におけるスクールカウンセラーの活動の実際

［1］スクールカウンセラーと発達障害とのかかわり

現在，SCが向き合う児童生徒の課題は，不登校，いじめ，暴力行為，友人関係，非行・不良行為，心身の健康・保健，学業・進路，発達障害，児童虐待，貧困など多様である[14]。これらの課題は，単一の問題として生じているのではなく，重なり合うことが多い。また，挙げられた課題のいくつかは，その背景に発達障害に関する問題が存在していることもあ

る。

小野寺ら[15]は，自身が SC として勤務する学校で対応した事例のうち，発達障害が関連すると考えられるいじめ・不登校・非行等の割合を集計した。その結果，対応した 168 例のうち 97 例（58%）において，その背景に発達障害があったことを報告している。また，知的障害など特別支援教育の対象である児童生徒の事例を発達障害事例に加えて再計算すると，111 例（66%）にのぼった。いじめや不登校の問題を，本人の特性（障害）のみに結びつけて理解することはできないが，SC の対応事例には特別支援教育の対象となる児童生徒が多いことは明らかである。

［2］ 特別支援教育におけるスクールカウンセラーの役割

「特別支援教育の推進について（通知）[1]」においては，いじめや不登校などの生徒指導上の問題に対して，その背景に障害が存在している可能性に留意し，SC などと連携した支援体制を整えることの必要性が述べられている。岩瀧ら[16]は，小学校教員が心理職に期待する役割として，①専門的な助言及び教員とは異なる見地からの情報提供，②対象児童の保護者の面接やその対応，③配慮を要する児童のピックアップや現状の査定，④全ての児童への心理的サポート，を挙げている。教員とは異なる視点や立場で，特別支援教育において専門性を発揮することが期待されている。

渡邊[17]は，SC が特別支援教育に関して実践している活動を調査し，SC は，保護者面接，本人面接，コンサルテーションに多く取り組んでいることを報告している。具体的には，保護者面接においては，保護者に発達障害への気づきや支援ニーズがない場合，SC は教員の代わりに発達の遅れや偏りから生じる課題に目を向けさせることや個別支援の必要性を理解してもらうこと，医療機関への受診を勧めることを行っていた。

すなわち，専門家の視点から生徒の実態を伝え，支援に結びつける役割を果たしていた。また，本人面接など生徒援助に関しては，一人ひとりの実態に応じて，ソーシャルスキルトレーニングや学習面のつまずきに対する具体的な対応（相談室でノートの取り方やテスト勉強の方法を提案し実践する），クールダウンやリラックスの場としての活用，自己理解の支援など，多様な対応を行っていた。そして，コンサルテーションにおいては，生徒への対応，行動観察や検査結果について，会議の場や職員室での会話を活用しながらコンサルテーションを行っていた。SCは，個々の話を聴くことにとどまらず，保護者，生徒，学校をつなげる役割を果たしていた。

　一方，特別支援教育にかかわる校内支援体制にSCが明確に位置づけられていないとの指摘もある。渡邊の報告では，特別支援教育に関する検討の場があると答えた中学校勤務のSCのうち，場の構成メンバーであったSCは42.9%にとどまっていた。また，SCは特別支援教育コーディネーターの存在や校務分掌における位置づけを把握していない場合があったことも指摘されている。この問題を改善するためには，年度当初に校内支援体制を含む学校全体の組織体制に関する説明を十分に受けること，校務分掌上にSCの役割を明確に位置づけること，勤務日以外の情報を把握する仕組みを作ることが必要とされている。

おわりに

　特別支援教育体制において，SCは，特別支援教育コーディネーターと連携して支援を展開することが重要となる。筆者の旧知のSCは，特別支援教育コーディネーターと話をする際，「1〜2分だけ時間をくだ

さい」と言ってポイントを伝えると言う。特別支援教育コーディネーターが関心をもっている内容であると，突っ込んで聞いてくる場合があり，話が５〜６分になったり，後で時間を取りたいということになったりする。そして，簡潔な話を繰り返しているうちに，お互いに顔を見ると情報交換をするような間柄に発展したと述べていた。また，ある特別支援教育コーディネーターとは，教室で一緒に行動観察をし，相談部会への提案内容や学年での対応を協議していた。一人の子どもに対する支援において，それぞれの専門性を発揮するとともに，「お互いに（相手の領分に）半歩踏み出す勇気」⁽¹⁸⁾をもちながら協働していくことが望まれる。

第11章　文献

(1)　文部科学省「特別支援教育の推進について（通知）」2007.（https://www.mext.go.jp/b_menu/shingi/chukyo/chukyo3/044/attach/1299892.htm）

(2)　庄司和史「特別支援教育への転換から10年の現状と課題——障害者差別解消法施行と学校における特別な支援の展開」『教育実践研究』1: 58-60, 2017.

(3)　文部科学省「平成30年度 文部科学省白書」2019.（https://www.mext.go.jp/b_menu/hakusho/html/hpab201901/1420047.htm）

(4)　文部科学省「平成30年度 特別支援教育に関する調査の結果について」2019.（https://www.mext.go.jp/a_menu/shotou/tokubetu/1402845_00003.htm）

(5)　福岡県「個別の指導計画〔様式例3〕(小・中・高等学校の通常の学級用) PDF版」2018.（http://www.pref.fukuoka.lg.jp/uploaded/life/332051_53583056_misc.pdf）

(6)　福岡県「個別の教育支援計画〔様式例3〕(全ての学校種用)PDF版」2018.（http://www.pref.fukuoka.lg.jp/uploaded/life/332051_53582890_misc.pdf）

(7)　文部科学省「通常の学級に在籍する発達障害の可能性のある特別な教育的支援を必要とする児童生徒に関する調査結果について」2012.（https://www.mext.go.jp/a_menu/shotou/tokubetu/material/1328729.htm）

(8)　文部科学省「学校教育法施行令の一部改正について（通知）」2013.（https://www.mext.go.jp/a_menu/shotou/tokubetu/material/1339311.htm）

(9)　中央教育審議会「共生社会の形成に向けたインクルーシブ教育システム構築のための特別支援教育の推進（報告）」2012.（https://www.mext.go.jp/b_menu/shingi/chukyo/chukyo3/044/houkoku/1321667.htm）

(10)　福岡県教育委員会「特別支援教育コーディネーターガイド」2018.（http://www.pref.fukuoka.lg.jp/uploaded/life/339051_53682611_misc.pdf）

(11) 文部科学省「発達障害を含む障害のある幼児児童生徒に対する教育支援体制整備ガイドライン」2017.（https://www.mext.go.jp/component/a_menu/education/micro_detail/__icsFiles/afieldfile/2017/10/13/1383809_1.pdf）

(12) 宮木秀雄，柴田文雄，木舩憲幸「小・中学校の特別支援教育コーディネーターの悩みに関する調査研究——校内支援体制の構築に向けて」『広島大学大学院教育学研究科附属特別支援教育実践センター研究紀要』8: 41-46, 2010.

(13) 田中美鈴，上村惠津子「特別支援教育コーディネーターが機能する校内支援体制の検討——A 地区における現状と課題からの考察」『信州大学教育学部研究論集』11: 191-210, 2017.

(14) 文部科学省「平成 30 年度 スクールカウンセラー等活用事業実践活動事例集」2019.（https://www.mext.go.jp/content/1421942_004_1.pdf）

(15) 小野寺利津子，池本喜代正「通常の学校における特別支援教育体制へのスクールカウンセラーの関与（その 2）学校不適応状態と発達障害との関連について」『宇都宮大学教育学部教育実践総合センター紀要』1: 13-20, 2015.

(16) 岩瀧大樹，山﨑洋史「特別支援教育導入における教員の意識研究——期待される心理職の役割」『東京海洋大学研究報告』5: 17-27, 2009.

(17) 渡邊はるか「特別支援教育におけるスクールカウンセラーの役割——A 県における実態調査から」『目白大学総合科学研究』13: 83-94, 2017.

(18) 田中裕一「特別講演 特別支援教育の現状と課題——合理的配慮の提供を中心に」『発達障害研究』39: 1-7, 2017.

第12章

危機状況における
支援

渡邉素子

はじめに

　学校は，一見平穏そうに見えながら，さまざまな日常を揺るがす出来事に直面している。それでも安定した日常が保たれているのは，そういった出来事一つひとつに対応がなされ，収束しているからである。しかし，あまりにも極端な出来事が生じると，一時的に学校が機能不全に陥り，日常性を保てなくなることがある。こうした状況は「危機状況」と呼ばれる。

　近年になって，自然災害や大規模な事件・事故など，日常性が揺るがされる事態によって人々が被る心理的なダメージが注目され，「こころのケア」という総称でその対応が求められるようになった。とくに学校は児童生徒のこころの安定を守る役割が期待され，学校の管理責任下において，危機状況に対応していくことが求められている。

　本章では，まずは危機状況及びその支援の本質がどういったものであるかについて述べる。そのうえで，それが学校における危機状況に特化

した場合にどのような事態が想定されるか，その対応としてはどのような方策があるか，そして「チーム学校」の一員としてスクールカウンセラー（SC）がどのような役割を担っていけばよいかを述べていきたい。

危機状況とは何か

［1］「危機」の捉え方

　危機（crisis）は，エリクソンが自我同一性確立のプロセスについて理論構築する際に導入した概念であり，青年期の発達課題である自我同一性の確立にかかわる重要な位相である。もともとは，戦地に赴いた退役軍人が呈する，人格的同一性と歴史的連続性の感覚を失い中枢制御能力を欠いた状態が，青年や反社会的行為者の一群が呈する状態像と共通していることの発見に端を発する。危機の概念は，エリクソンが提起したときからすでに個体側の要因と個体を取り巻く環境側の要因の相互性を内包しており，あまりにも個体が脆弱か，あるいは状況が苛烈な場合は，それまでのバランスのとれた状態を崩す方向に作用することにも触れられている。

　これがカプランによって，公衆衛生の領域で危機理論として体系化されることになる。カプランはエリクソンの指摘した危機の適応阻害的側面に着目し，「危機状態」について，「人が大切な人生の目標に向かう時障害に直面したが，それが習慣的な問題解決の方法を用いても克服できない時に発生」し，「混乱の時期，つまり動転する時期」に「さまざまな解決をしようとする試みがなされるが失敗」して，「結果的にはある種の順応が成し遂げられ」るものとしている。そして，危機状態の時間

的な流れのなかで，旧来の適応機制で対処できずに新たな適応機制を獲得するという個体側の変化に注目し，危機の発生に影響する本質的因子は「問題の困難さや重要さと，すぐにそれを処理することに利用できる資源との間の不均衡」であると述べている。カプランの危機理論はさまざまな研究者や臨床家が援用してきたが，その本質は，危機状況に直面することで，それまで均衡がとれて適応していた状態が崩れるということである。危機状況における支援とは，その危機状況以前の適応状態の水準に回復させることになる。

［2］ 学校における危機状況での対応の変遷

危機状況への対応は，まず「危機介入」としてさまざまな報告がなされてきた。

わが国では，電話相談での自殺予防対応の実践報告[6]が最も古いが，1980年代後半から90年代にかけて，看護や地域保健の領域において，急性期の問題に対応していく事例が報告されている。おそらく公衆衛生領域との接点から，危機介入概念の導入が早かったのであろう。

教育領域においては，まず大学の学生相談において，1980年代の終わりから精神病圏の学生に対する危機介入の実践事例に関する論文が散見される。そこでは，大学コミュニティ内で精神病圏の学生が発症あるいは症状増悪する事態に際して行われた各担当者の連携や関係者に対するコンサルテーション，外部機関へのリファーなどの支援活動が記述されており，個人の危機に対して個人面接という一対一の関係性にとどまらず，所属する組織での対応・支援が行われていたことがうかがえる。

義務教育の領域では，1995年に文部省（当時）によりスクールカウンセラー活用調査研究委託事業が開始された。その後1997年に神戸連続児童殺傷事件が，2001年には大阪教育大学附属池田小学校事件が発生

し，学校というコミュニティが危機的状況に陥る事態が相次いだ。とくに附属池田小学校事件では，校内で生じた事件であったこともあり，学校側が事件に巻き込まれた児童に対する支援を行った。[7][8]奇しくも同年にはアメリカで同時多発テロが発生，地域の主要日系企業の出資によって運営されているニューヨーク日本人教育審議会に設置された教育文化交流センターの教育相談室が中心となり，ニューヨーク地域に暮らす約5000人の日本人の子どもたちの支援が行われた。この活動は現地在住の精神科医や臨床心理士だけでなく，日本本土の臨床心理士もバックアップに加わり，組織的な支援が行われた。[9]そして各地域でも，生徒の死亡事故や自殺事件といった学校が危機に直面する事態が生じた際にはSCに心理的支援が求められるなど，心理的な問題を看過せずに，予防策も含めて学校組織として対応しようとする機運が高まった。

　このような流れのなか，2001年には福岡県臨床心理士会による学校コミュニティの危機に対する緊急支援モデルの運用が開始され，[10][11]2003年には山口県で精神保健福祉センターを中心とした多職種及び官民協働によるクライシスレスポンスチーム（CRT）が発足した。[12]前者は危機状況が生じたのち速やかにこころの健康調査票を実施し，それを媒介に担任教員が全生徒と面接を行い，そのなかで急性ストレス反応に関する心理教育を行うと同時に，重篤な児童生徒を専門家の個別面接につなげていく手法をとる。後者は，コミュニティの危機に際して支援者支援を中心に期間限定で精神保健サービスを提供する，多職種の専門家チームによる支援である。[13]

　こうした流れが形成されたのは，災害時に心理的支援が求められるようになったことの影響が大きい。自然災害は広域に被害を及ぼすため，支援対象がコミュニティ内の全構成員となり，また支援者も被災者であるという事態をもたらす。1995年に発生した阪神淡路大震災以降，「こころのケア」という言葉とともに，災害後の心理的支援が社会的にも期

待されることとなったが，この震災を機に生じた大きな変化は，心理支援活動の対象が個人だけではなく組織へと広がったこと，また支援を行う側も個人的な活動だけではなく何らかの組織的な活動として行うようになったことである。被災者の救援に直接当たる一次支援者に対してなされる間接的支援や心理教育，ストレスマネジメント教育といった予防的関与は，こうした取り組みのなかで重要性を認識されるようになり，かつ実施が可能となった。

　このように，学校における危機状況への対応は，対象が個人からコミュニティへ，対応の仕方が個人的活動から組織的活動へ，という変化があった。そして，コミュニティの主体性の回復を重視し，事件・事故後できるだけ早い段階で緊急に支援するという意味合いから，危機介入という言葉ではなく，緊急支援(11)という言葉が用いられるようになったのも特筆すべきことである。危機状況への対応についての基本的な考え方は30年あまりの間に体系化されてきたが，これらは数多くの支援に携わった人々の実践知から構築されてきたものである。今後も実践に基づくさらなる拡充が期待されているといえよう。

危機状況における支援の実際

　実際の学校現場では，危機状況への対応は，管理職を中心とした学校組織のなかで対応の方策が考えられている。そして危機状況をアセスメントし，誰にどのような支援が必要か，すなわち支援の対象と方法を考え，実施し，さらに状況を鑑みて対応を再検討することを繰り返していく。個々の事態によって支援の形態もさまざまで，とくに学校コミュニティ全体に支援が必要となる場合には，外部の支援者を円滑に受け入れ

機能してもらうための工夫も必要となる。SC として危機状況にかかわる際は，こうした枠組みのなかで，自分に何ができるかを考えていくことになる。

［1］学校の危機管理体制の確認

SC が学校のなかで危機状況に対応するためには，学校組織において危機管理体制がどのように組織され，そのなかでみずからの役割がどのように割り当てられているのかを把握しておく必要がある。危機状況では誰もが臨戦態勢になり，「何かしなければ」という使命感が強く湧き，思いに駆られて動いてしまいがちになるが，勝手な自己判断や視野の狭まったなかでの対応は，不必要な介入や支援者間の分断を生み，最悪の場合は二次被害をもたらすことにもなりかねない。危機状況こそ，学校が危機状況にどのように対応していく方針か，そのなかで SC という立場ではどのように職能・職責を果たせるか，という冷静な判断が必要となる。

学校保健安全法第 29 条では，すべての学校に危険等発生時対処要領（危機管理マニュアル）の作成を義務づけている。この要領は各学校の地域や特性に応じて作成し，必要に応じて見直すこととされている。上地は校務分掌に沿った危機対応の組織体制の例を示しているが（図12-1），このようにどの部局のどの役職者がどういった役割を担うかが事前に整備される。このようなものを実情に合わせて組織することが各学校に求められている。

また，危険等発生時対処要領作成の手引書である「学校の危機管理マニュアル作成の手引」には，危険等発生時対処要領を作成する際に対策を講じておく内容が「事前の危機管理（予防）」「個別の危機管理（危機状況での対応）」「事後の危機管理（復旧・復興）」の３つに分けられている。以下，

図 12-1　学校危機対応チームの組織化と役割分担（文献14をもとに作成）

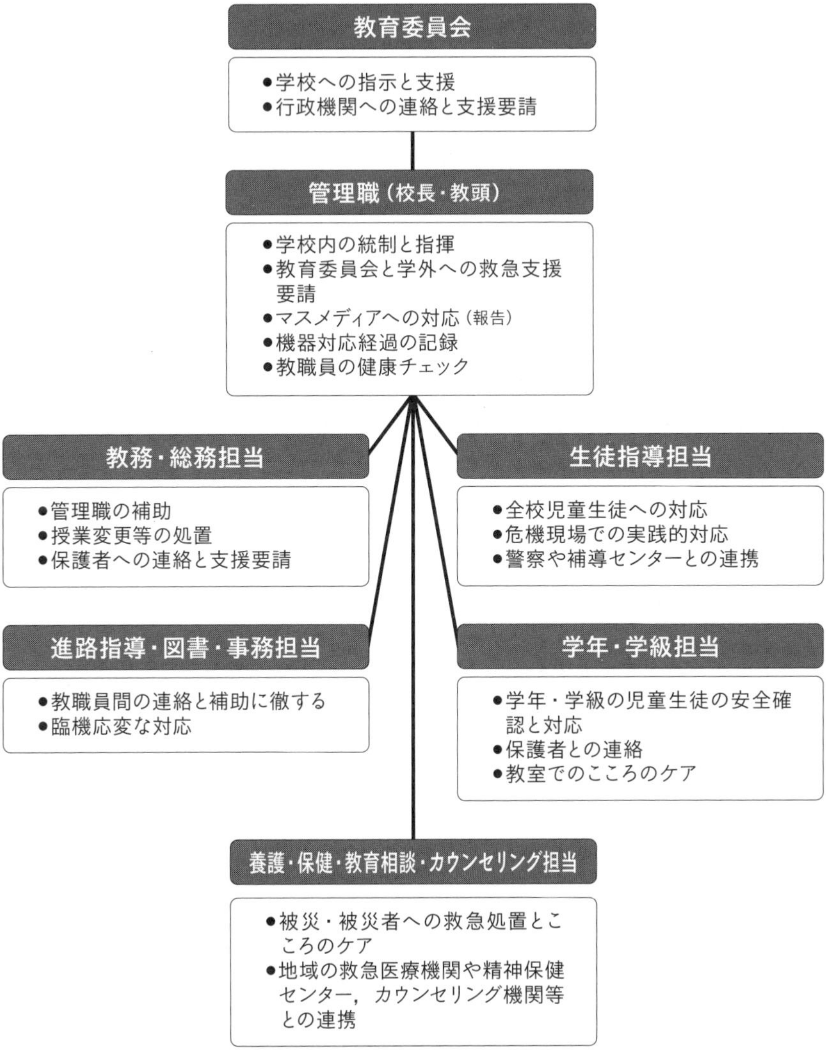

教育委員会
- 学校への指示と支援
- 行政機関への連絡と支援要請

管理職（校長・教頭）
- 学校内の統制と指揮
- 教育委員会と学外への救急支援要請
- マスメディアへの対応（報告）
- 機器対応経過の記録
- 教職員の健康チェック

教務・総務担当
- 管理職の補助
- 授業変更等の処置
- 保護者への連絡と支援要請

生徒指導担当
- 全校児童生徒への対応
- 危機現場での実践的対応
- 警察や補導センターとの連携

進路指導・図書・事務担当
- 教職員間の連絡と補助に徹する
- 臨機応変な対応

学年・学級担当
- 学年・学級の児童生徒の安全確認と対応
- 保護者との連絡
- 教室でのこころのケア

養護・保健・教育相談・カウンセリング担当
- 被災・被災者への救急処置とこころのケア
- 地域の救急医療機関や精神保健センター，カウンセリング機関等との連携

それぞれの項目で取り上げられていることに基づき，学校の危機管理体制下において，危機状況でどのような対応が求められるかみていく。

① 事前の危機管理

　この項では，「体制整備」「点検」「避難訓練」「教職員研修」「安全教育」が挙げられている。学校の危機管理において，さまざまな危機状況を予測し，有事に対応できるように備えるための内容である。

　このなかでSCに求められるものは，「教職員研修」での研修の実施や企画であろう。校内研修はさまざまな内容が想定されているが，とくに事件・事故や災害にあった際に生じるおそれのある，子どもの心理的な問題やその支援のあり方，ストレスマネジメントや教職員のセルフケアなどについては，危機状況に陥った際に教職員にとって役立つ内容をみずからの専門性の範疇で提供できる。もし自分では研修を実施することが難しいようであれば，そういった研修をお願いできる講師を選定しておくのもよいだろう。近年，危機に備えて事前に事件事故や災害時の心理的問題に関して知識を普及し，その被害を予防したり小さくしたりする講演や演習を「心理教育」として児童生徒に実施することも増えてきている。この心理教育プログラムを教員に講義し，いざというときに教員が児童生徒に心理教育を実施できるよう事前研修を行うことも意義があるといえよう。

② 個別の危機管理

　この項では，「様々な事故（頭頚部外傷，熱中症，アレルギー）」「不審者侵入」「交通事故」「気象災害（大雨，雷，竜巻）」「地震・津波」及び「新たな危機事象（弾道ミサイル発射，犯罪予告やテロ，インターネット上の犯罪被害）」，幼稚園や特別支援学級，寄宿舎に関する対応が挙げられている。

　学校を危機状況に陥れる事象に関しては，上地や窪田[14]が危機の水準に[16][17]

表 12-1	学校危機のレベル (文献14をもとに作成)	

組織的支援の必要性　低 → 高	個人レベルの危機	不登校, 家出, 虐待, 性的被害, 家庭崩壊, 自殺企図, 病気
	学校レベルの危機	いじめ, 学級崩壊, 校内暴力, 集団薬物乱用, 集団食中毒、教職員のバーンアウト (燃え尽き)
	地域レベルの危機	殺傷事件, 自然災害, 火災, 校外事故, 誘拐・脅迫事件, 窃盗, 暴力事件, IT被害, 教師の不祥事

よって分類・整理している。上地[14]は学校での危機状況について「個人レベルの危機」「学校レベルの危機」「地域レベルの危機」の3水準に分け，それぞれの水準に応じた対策を講じる必要があるとする（表12-1）。窪田[16][17]は，この上地の3水準に沿って，学校コミュニティに危機をもたらす可能性のある出来事を分類し，それぞれのカテゴリーについて具体例を記述している（表12-2 → P.182）。

　危機状況を分類・整理し，その水準を検討するのは，その後の対応につながる重要な問題である。「個人レベルの危機」では，危機状況に陥っているのが個人であり，その支援の対象になるのも個人である。しかし，「学校レベルの危機」「地域社会レベルの危機」では，教職員ら子どもを支援する側である人たちも，危機状況に巻き込まれる。通常の状態なら十分支援ができる対象に支援ができなくなる，という深刻な状況に陥るということである。そのため，支援の対象は本来の対象だけでなく，その対象の支援者も含まれることになる。

　危機状況での対応において，SCは直接的な支援者になることは少なく，間接的な支援者となることが多い。児童生徒の日常に登場するのは，教員のほうが圧倒的に多いためである。SCは，教員と児童生徒がいつ

表 12-2　危機となる事件・事故のレベル（文献16をもとに作成）

	個人レベル	学校レベル	地域レベル
子どもの自殺	————	————	自殺 いじめ自殺※
学校管理下の 事件・事故	————	校内事故	外部侵入者による事件※ 被害者，目撃者多数※
学校管理外の事件・事故 校外事故	校外事故	目撃者が多い 事故※	————
自然災害による 被害	————	————	自然災害 子どもの被害※
地域の衝撃的な 事件・事故	————	————	被害者，目撃者多数※
子どもによる殺傷	————	————	子どもによる殺傷 構成員が被害者※
教師の不祥事	————	————	教師による不祥事の発覚 子どもが被害者※
教師の突然死	————	教師の突然死	教師の自殺

※は同じ事件・事故であっても大きな動揺が予測されるもの

も通りのかかわりをできるよう側面から支援することで日常性の回復に
寄与できるといえる。

③ 事後の危機管理

　この項では，「こころのケア」として，学校が事故後に児童生徒の心
理面の問題に対応していくことが必要であるとし，支援体制を確立し
て子どものこころの傷の回復に努める必要があることが記述されてい
る（図12-2）。またそこでは，被害を受けた児童生徒のこころの安定には，

図12-2 「事後の危機管理」におけるこころのケア(文献15をもとに作成)

恐怖体験

こころのキズ

事故等に遭遇

↓

PTSDの予防・対応

- 普段の生活リズムを取り戻す
- 症状が必ず和らいでいくことを伝え、安心感を与える
- 児童生徒等が嫌がることはしない

PTSDの三大症状

- **持続的な再体験**
  - ▶ 体験した出来事を繰り返し思い出し、悪夢を見たりする
  - ▶ 体験した出来事が目の前で起きているかのような生々しい感覚がよみがえる(フラッシュバック) 等

- **体験を連想させるものからの回避や感情がまひしたような症状**
  - ▶ 体験した出来事と関係するような話題などを避けようとする
  - ▶ 体験した出来事を思い出せない
  - ▶ 人や物事への関心が薄らぎ、周囲と疎遠になる 等

- **感情・緊張が高まる**
  - ▶ よく眠れない、イライラする、怒りっぽくなる、落ち着かない
  - ▶ 物事に集中できない、極端な警戒心をもつ、ささいなことで驚く 等

こころの健康状態の把握

- 保護者等の情報
- 保健室の来室状況
- 質問紙による調査
- 日常生活の健康観察

※ 学校は養護教員を中心として心身の健康状態の把握に努める

支援体制の確立

学校を中心として専門家(精神科医、カウンセラー等)・地域の関係機関等との連携

※ 非常災害時のこころのケアが、効果的に行われるためには、日頃から教育相談や健康相談が学校の教育活動に明確に位置づけられ、円滑に運営されていることが大切です。また、学校内では、教職員、学校医、スクールカウンセラー等の連携を図ることが重要です。

回復

保護者や教職員が精神的に安定していることが必要なため，そのこころのケアも重要だと述べられている。この点は，SC に最もその担い手としての役割が期待されるところであろう。ここからも読み取れるように，SC が危機状況で役割を果たすのは危機状況に陥った直後ではなく，主としてある程度時間が経過してからである。それまでは焦らずに状況の把握に努めることが必要であろう。

［2］学校のなかでの立場の確認

これまで，学校組織の危機管理体制についてみてきた。では，SC はそういった学校組織のどこに所属することになるのか。おそらく赴任した当初に，校務分掌における SC の位置づけを確認していると思う。平常時の校務分掌のなかで SC がどこに位置づけられているのかを確認し，指示系統を把握することで，何かに対応するときにどこに話を通したらよいか，誰に事前に相談したほうがよいかがみえやすくなる。

こうした表向きの立場だけでなく，常日頃からの他の教職員との関係性は，実務を行っていくことに大きく影響する。危機状況であればなおさら，そういった関係性が先鋭化しやすい。述べてきたように，学校の危機状況においては，SC が直接的支援者として機能する面は小さく，支援者を側面から支える間接的支援者として機能する面が大きいといえる。

危機状況の支援に関する歴史の節でも触れたが，近年では激甚災害などで学校コミュニティが機能不全に陥るような場合，緊急支援が行われることが増えている。学校内部だけでは対処しきれないため，外部からの支援を受けるということである。2011 年の東日本大震災以降，文部科学省は災害時に断続的に緊急スクールカウンセラー等派遣事業を実施しており，最近では，何か大きな災害が起こると外部の支援力を借りる

ことが稀ではない。外部からの支援を受け入れることを「受援」といい，最近ではいかに混乱なく有効に受援を行うかといったことも検討されるようになってきている。こういった事態で，SC は派遣された SC と学校との橋渡しをするような役割を果たすことができると考えられる。まだまだ実践例も乏しいが，今後はこうした役割も意識しておく必要がある。

［3］ 支援者として機能するために

危機状況の本質は日常の破壊である。そのダメージはコミュニティ全体に波及する。SC も例外ではなく，危機状況では疲弊し，傷つく場合が多い。危機状況に接すると躁的になり，あれもこれもと仕事を引き受けすぎてしまったり，攻撃的になって周りとトラブルを起こしてしまったりする例はよくみられる。支援者はみずからの疲労や傷つきに気づきにくい。そのためスーパーヴィジョンを受けたり，事例検討会に参加したりして，客観的な指摘を受けたり，場合によっては情緒的に支えてもらったりするなど，支援者であるからこそ自己メンテナンスを怠らずに行う必要がある。

おわりに

「学び舎」という言葉通り，子どもたちにとって学校という場はさまざまなことを学ぶ場所である。それは単に学問的知識だけではなく，自分自身の人生を切り拓いていくために必要なものを学び取っていくという意味合いをもっている。危機状況に際して，その経験と真摯に向き合

うことによって人格的な成長がもたらされることを「心的外傷後成長 (Posttraumatic Growth)」という。学校が安心して日常を送ることができる安全基地として存在することが理想だが，そうではない状況に陥ることも往々にしてある。しかし，それは必ずしも悪いこととは限らない。危機状況を排除するのではなく，子どもがみずからその状況を乗り越え，さまざまな環境に立ち向かう力を身につけていけるように支援することが，教育現場に身を置く SC の職責ではないだろうか。

(1) Erikson, E.H.: *Identity: Youth and crisis*. W.W.Norton & Company, 1968.
（岩瀬庸理訳『主体性――青年と危機』北望社, 1969）

(2) 渡邉素子, 窪田由紀「心理危機状況の分類と支援のあり方について」『名古屋大学大学院教育発達科学研究科紀要　心理発達科学』61: 147-154, 2014.

(3) Erikson, E.H.: *Identity and the life cycle. Psychological Issues 1(1), Monograph1*. International Universities Press, 1959.（小此木啓吾訳編『自我同一性――アイデンティティとライフサイクル』誠信書房, 1973）

(4) Caplan, G.: *An approach to community mental health*. Grune & Stratton, 1961.（山本和郎訳『地域精神衛生の理論と実際』医学書院, 1968）

(5) Caplan, G.: *Principles of preventive psychiatry*. Basic Books, 1964.（新福尚武監訳『予防精神医学』朝倉書店, 1970）

(6) 長谷川浩一, 石井完一郎, 宮崎美千代他「自主企画シンポジウム企画Ⅳ Communityにおける危機介入の試み――"いのちの電話"による実践の検討」『教育心理学年報』22: 100-103, 1983.

(7) 元村直靖, 岩切昌弘, 瀧野揚三他「大阪教育大学附属池田小学校事件における危機介入と授業再開までの精神的支援活動」『大阪教育大学紀要　第Ⅲ部門自然科学・応用科学』51: 55-65, 2002.

(8) 元村直靖, 岩切昌弘, 瀧野揚三「大阪教育大学附属池田小学校事件における精神的支援の1年」『大阪教育大学紀要　第Ⅲ部門自然科学・応用科学』51: 137-143, 2003.

(9) 栗原祐司「テロ事件と日本人学校」ニューヨーク教育相談室編『テロ事件と子どもの心――日本人学校・補習校におけるPTSD調査とケア』pp.3-12, 慶應義塾大学出版会, 2004.

(10) 福岡県臨床心理士会「学校における緊急支援の手引き」2001.

(11) 福岡県臨床心理士会編，窪田由紀，向笠章子，林幹男他『学校コミュニティへの緊急支援の手引き』金剛出版，2005.

(12) 河野通英「山口県クライシスレスポンスチーム (CRT) 第1回出動公式記録」2004. (http://www.crt.p4q8.net/yamaguchi/year/2003/CRTrepo01.pdf)

(13) 藤森和美「学校現場の危機における緊急支援活動——事件，事故後の心理的サポートのシステムと連携」『日本精神科病院協会雑誌』27: 623-630, 2008.

(14) 上地安昭編『教師のための学校危機対応実践マニュアル』金子書房，2003.

(15) 文部科学省「学校の危機管理マニュアル作成の手引き」2018. (https://www.mext.go.jp/a_menu/kenko/anzen/__icsFiles/afieldfile/2019/05/07/1401870_01.pdf)

(16) 窪田由紀「学校コミュニティの危機」福岡臨床心理士会編，窪田由紀，向笠章子，林幹男，浦田英範著『学校コミュニティへの緊急支援の手引き』pp.22-44, 金剛出版，2005.

(17) 窪田由紀『臨床実践としてのコミュニティ・アプローチ』金剛出版，2009.

おわりに

　本書の第Ⅰ部は，雑誌『こころの科学』2019年1月号～2019年11月号に掲載された連載「スクールカウンセラーのための「チーム学校」入門」に加筆修正したものである。第Ⅱ部は，私がつながりをもっている研究者・実践者のなかから，それぞれの領域を専門にされている6名の方々に執筆していただいた。

　改めて全体を眺めてみると，スクールカウンセリングの活動が非常に多岐にわたっていることが感じられる。その広い世界について，編者一人だけでなく，6名の方々にも論じていただいたことによって，本書の内容に深みが得られたと感じている。

　本書の構成がそうであったように，スクールカウンセリングの広い領域を一人のスクールカウンセラー（SC）だけで十分にカバーできるわけではない。日々の実践のなかでは，学校内の他職種と連携することが重要である。

　さらには，学校外の他校では，SCが同じ専門職として活動しているはずである。学校内では，SCはただ一人の心理専門職であるが，学校外には多くの仲間が活動している。他校で活動するSCとつながり，相

互にサポートし合いながらよい支援を目指していくことも大切であろう。本書では触れることができなかったが，SC同士の連携・協力も今後はますます必要になってくると思われる。

　このように，さまざまなつながりのなかで，SCの活動にさらなる広がりと深みがもたらされることを期待したい。

　最後となったが，本書の出版にあたっては，日本評論社の木谷陽平様に大変お世話になった。また，各章の執筆者の先生方にもお忙しいなかご尽力いただき，素晴らしい論考をいただいた。この場をお借りしてみなさまに御礼を申し上げる。

半田一郎

編者

半田一郎 (はんだ・いちろう)

子育てカウンセリング・リソースポート代表，茨城県公立学校スクールカウンセラー。日本学校心理学会常任理事。学校心理士スーパーバイザー。臨床心理士。公認心理師。
1969年，高知県生まれ。1995年より現在までスクールカウンセラーとして51校の小中高校で活動。
著書に『一瞬で良い変化を起こす 10秒・30秒・3分カウンセリング——すべての教師とスクールカウンセラーのために』『一瞬で良い変化を起こす カウンセリングの"小さな工夫"ベスト50——すべての教師とスクールカウンセラーのために』(いずれもほんの森出版)がある。

執筆者 (執筆順)

相樂直子 (さがら・なおこ)
宮城大学看護学群

本田真大 (ほんだ・まさひろ)
北海道教育大学教育学部函館校

山口豊一 (やまぐち・とよかず)
聖徳大学心理・福祉学部心理学科

田村節子 (たむら・せつこ)
東京成徳大学心理・教育相談センター

菅野和恵 (かんの・かずえ)
東海大学健康学部健康マネジメント学科

渡邉素子 (わたなべ・もとこ)
中部大学学生相談室

スクールカウンセラーと教師のための
「チーム学校」入門

2020 年 4 月 25 日　第 1 版第 1 刷発行

編　者　半田一郎

発行所　株式会社 日本評論社
　　　　〒170-8474　東京都豊島区南大塚 3-12-4
　　　　電話：03-3987-8621［販売］
　　　　　　　03-3987-8598［編集］
　　　　振替：00100-3-16

印刷所　精文堂印刷

製本所　井上製本所

装　幀　土屋 光（Perfect Vacuum）

検印省略　© 2020 Handa, I.
ISBN978-4-535-56385-8　Printed in Japan